아이는 줄고! 노인은 늘고!
# 달라지는 인구

## 아이는 줄고! 노인은 늘고! 달라지는 인구

| | |
|---|---|
| 1판 4쇄 발행 | 2025년 11월 10일 |
| 글쓴이 | 문미영 |
| 그린이 | 박현 |
| 편집 | 이용혁 박재언 이순아 |
| 디자인 | 문지현 오나경 |
| 펴낸이 | 이경민 |
| 펴낸곳 | ㈜동아엠앤비 |
| 출판등록 | 2014년 3월 28일(제25100-2014-000025호) |
| 주소 | (03972) 서울특별시 마포구 월드컵북로22길 21, 2층 |
| 홈페이지 | www.moongchibooks.com |
| 전화 | (편집) 02-392-6901 (마케팅) 02-392-6900 |
| 팩스 | 02-392-6902 |
| 전자우편 | damnb0401@naver.com |
| SNS | |

ISBN 979-11-6363-338-9 (74400)

※ 책 가격은 뒤표지에 있습니다.
※ 잘못된 책은 구입한 곳에서 바꿔 드립니다.
※ 이 책에 실린 사진은 위키피디아, 셔터스톡에서 제공받았습니다.

**뭉치 MoongChi Books**

도서출판 뭉치는 ㈜동아엠앤비의 어린이 출판 브랜드로, 아이들의 지식을 단단하게 만들어 주고, 아이들의 창의력과 사고력을 키워 주어 우리 자녀들이 융합형 창의 사고뭉치로 성장할 수 있도록 좋은 책을 만들겠습니다.

## 펴내는 글

인구가 많으면 좋을까, 나쁠까?
도시와 시골 인구 불균형을 해결할 방법은 없을까?

　선생님의 질문에 교실은 한순간 조용해집니다. 인내심이 한계에 다다른 선생님께서 콕 집어 누군가의 이름을 부르는 순간 나는 걸리지 않았다는 안도감에 금세 평온을 되찾지요. 많은 사람 앞에서 어떻게 말을 해야 하나 고민해 보지 않은 사람은 없을 겁니다. 사람들 앞에서 자신의 생각을 조리 있게 전달하는 기술은 국어 수업 시간에만 필요한 것이 아닙니다. 학교 교실뿐만 아니라 상급 학교 면접 자리 또는 성인이 된 후 회의에서도 자신의 의견을 분명히 표현할 수 있어야 합니다. 하지만 어디서부터 시작해야 할지 몰라 입을 떼는 일이 쉽지 않습니다. 혀끝에서 맴돌다 삼켜 버리는 일도 종종 있습니다. 얼떨결에 한마디 말을 하게 되더라도 뭔가 부족한 설명에 왠지 아쉬움이 들 때도 많습니다.
　논리적 사고 과정과 순발력까지 필요로 하는 토론장에서 자신만의 목소리를 내려면 풍부한 배경지식은 기본입니다. 게다가 고학년으로 올라가서 배우는 수업과 진학 시험에서의 논술은 교과서 이상의 것을 요구합니다. 또한 상대의 의견을 받아들이거나 비판하기 위해서는 의견의 타당성을 검토하고 높은 수준의 가치 판단을 해야 하는 경우가 많은데, 자신의 입장을 분명히 하기 위해서는 풍부한 자료와 논거가 필요합니다.
　토론왕 시리즈는 사회에서 일어나는 다양한 사건과 시사 상식 그리고 해마다 반복되는 화젯거리 등을 초등학교 수준에서 학습하고 자신의 말로 표현할 수 있도록 기획

되었습니다. 체계적이고 널리 인정받은 여러 콘텐츠를 수집해 정리하였고, 전문 작가들이 학생들의 발달 상황에 맞게 스토리를 구성하였습니다. 개별적으로 만들어진 교과서에서는 접할 수 없는 구성으로 주제와 내용을 엮어 어린이 독자들이 과학적 사고뿐만 아니라 문제 해결력, 창의적 발상을 두루 경험할 수 있도록 하였습니다. 또한 폭넓은 정보를 서로 연결지어 설명함으로써 교과별로 조각나 있는 지식을 엮어 배경 지식을 보다 탄탄하게 만들어 줍니다. 이러한 통합 교과형 구성은 국어를 기본으로 과학에서부터 역사, 지리, 사회, 예술에 이르기까지 상식과 사회에 대한 감각을 익히고 세상을 올바르게 바라보는 눈을 갖는 데 큰 도움이 될 것입니다.

『아이는 줄고! 노인은 늘고! 달라지는 인구』는 지구 전체의 인구 문제를 종합적으로 다루고 있는 책입니다. 인구가 늘고 줄어드는 것에 어떤 사회적인 원인이 있는지 살펴보고, 노령화와 저출산 문제에 대해서 함께 고민해 봅니다. 특히 인구 구성의 변화와 인구 문제의 해결 방안에 관한 전문가의 의견을 아이들의 눈높이에 맞게 설명하고 있습니다. 더불어 인구와 직접적인 관계가 있는 식량 부족 문제, 난민의 인권 문제들도 함께 살펴봄으로써 세계를 바라보는 어린이들의 시야를 넓히고자 합니다. 어린이들이 이 책을 통해 세계인으로서의 사회 문제를 고민해 보는 시간이 되길 바랍니다.

편집부

# 차례

펴내는 글 · 4
왜 다들 도시로 몰리지? · 8

 **1장 도시에 산다는 건 뭘까? · 11**

도시엔 인구가 정말 많아!

도시가 좋아? 시골이 좋아?

**토론왕 되기!** 인구가 많은 게 좋은 걸까?

 **2장 대추 마을엔 노인이 산다 · 33**

대추 마을 외할머니 집

옛날 옛적 대추 마을에 아이들이 있었다

**토론왕 되기!** 인구 과밀 지역과 부족 지역은 왜 생길까?

**뭉치 토론 만화**

저출산 고령화 문제, 어떻게 해결할까? · 53

## 3장 동생이 필요해 · 61

수정이 동생 은정이

나에게도 동생이?

동생이 정말 좋아!

**토론왕 되기!** 저출산 문제, 해결 방안은 뭘까?

## 4장 대추 마을에 잔치 열렸네! · 85

환갑이 청춘이라고?

가족의 탄생

시골로 가는 젊은 부부

이모의 결혼식

**토론왕 되기!** 노인들이 계속 일하게 되면, 청년들은 일자리를 잃게 될까?

어려운 용어를 파헤치자! · 113

인구 관련 사이트 · 114

신나는 토론을 위한 맞춤 가이드 · 115

# 1장

도시에 산다는 건 뭘까?

## 도시엔 인구가 정말 많아!

"엄마, 배고파요."

"조금만 참아."

"얼마나 더 참아요? 지금 일곱 시가 넘었어요."

소아가 엄마에게 투덜거렸다.

"우리 강아지, 배고파서 어쩌나? 김 서방은 언제 오니?"

외할머니가 소아를 토닥거리며 엄마에게 물었다. 엄마는 휴대 전화를 확인하며 난처한 듯 외할머니와 소아를 바라봤다.

"소아 아빠 지금 오는 길인데, 차가 많이 밀린대요. 금요일 저녁이라 더 밀리나 봐요."

"난 진짜 서울에서 못 살겠다. 어떻게 경기도에 사는 내가 서울 오는 것보다, 서울 안에서 다니는 게 더 막힐 수가 있지? 도시는 인구가 너무 많아."

이제 막 도착한 이모가 고개를 절레절레 저으며 말했다.

"소아 아빠가 우리 먼저 먹고 있으래요. 대기표 받았으니까 차례 되면 우리 먼저 먹어요. 소아도 조금만 더 기다릴 수 있지?"

엄마 말에 소아가 낮게 한숨을 쉬었다.

"이럴 줄 알았으면 빵이라도 좀 먹고 나올걸. 갈비 먹는다고 해서 점심도 조금밖에 안 먹었단 말이에요."

소아가 배를 쓰다듬으며 툴툴댔다.

"언니, 대기 번호가 몇 번이야? 기다리는 사람이 이렇게 많은데 형부가 와도 우리 식당에 못 들어갈 것 같은데? 저기 사람들 바글바글한 것 좀 봐."

"맛집이니까 그렇지."

"엄마, 여기가 무슨 맛집이에요. 난 그냥 그랬어요."

소아의 배고픔이 한계에 달했다.

소아는 앞에 늘어선 사람들을 보니 한숨이 절로 나왔다. 식당에 들어가는 데 한참 걸릴 것 같았다.

'맛나 갈비'는 소아네 가족이 종종 방문하는 식당이었다. 평일에도 사람이 많았지만 금요일 밤이나 주말에는 한 시간 넘게 기다려야 할 때도 있었다.

"서울은 어느 식당이든 사람이 많다니까. 아무리 인구가 집중된 도시라고 해도 너무해."

"인구가 집중된 도시?"

소아가 이모를 보며 물었다.

"서울 같은 곳이 인구가 집중된 도시지. 지방 도시도 인구가 이 정도로 많지는 않아."

이모 말에 소아가 고개를 끄덕였다.

"언니, 형부 생일인데 주인공 빼고 하는 생일 파티가 어디 있어?"

이모가 엄마를 보고 말했다. 외할머니도 고개를 끄덕거렸다.

"그래, 맞다. 괜히 소아 배고프게 하지 말고 집에서 먹자. 김 서방 오려면 시간도 남았으니 빨리 장 봐서 해 먹는 게 낫겠다."

"이왕 나온 김에 조금 더 기다려서 맛있는 거 먹어요."

엄마가 난처해하며 말했다.

"사람 많은 데서 먹으면 난 음식이 입으로 들어가는지 코로 들어가는지도 모르겠더라. 엄마 말대로 하자, 언니. 장 봐서 집에서 만들어 먹자. 그럼 형부 올 시간이랑 딱 맞을 것 같네."

외할머니와 이모의 말에 엄마가 할 수 없다는 듯 고개를 끄덕였다.

## 도시가 좋아? 시골이 좋아?

소아에게는 외할머니가 최고의 요리사였다. 외할머니는 구수하고 매콤한 냄새가 나는 맛있는 꽃게탕을 뚝딱 완성했다.
"소아야, 이리 와 봐."
삼겹살을 굽던 이모는 잘 익은 고기와 미나리를 곁들여 소아 입에 넣어 줬다. 고기 몇 점이 들어가니 꼬르륵거리던 배가 금세 가라앉았다.
"와, 이모. 진짜 맛있어요. 고기가 입에서 녹아 없어졌어요."
소아의 말에 온 가족이 웃었다.
"원래 시장이 반찬이야. 배고프면 뭐든 맛있지."

외할머니가 갓 무친 시금치나물을 소아 입에 넣어 줬다. 평소에는 나물 종류를 잘 먹지 않는 소아였지만 외할머니가 만든 나물은 고소하고 달았다. 시골에서 가지고 온 반찬과 김치까지 올리자 근사한 상차림이 완성됐다. 이모가 사 온 먹음직스러운 케이크까지 올려 두니 완벽한 생일상이었다.

"어머니, 늦어서 죄송합니다."

때마침 아빠가 헐레벌떡 집으로 들어섰다.

"아니네. 딱 맞춰 왔어. 어서 앉게."

"우와, 어머니 꽃게탕! 안 그래도 요 며칠 계속 생각났는데!"

아빠가 손을 씻자마자 입맛을 다시며 상에 앉았다. 외할머니가 웃으며 꽃게탕을 크게 떠서 아빠 그릇에 덜었다. 오후 9시가 다 되어 먹는 저녁밥이었지만 가족 모두가 맛있게 식사를 마쳤다. 아빠는 딱딱한 꽃게 집게발까지 깨끗이 발라 먹으며 밥 두 그릇을 비웠다.

모두 배가 잔뜩 부른 상태로 거실에 모여 앉았다.

"다들 후식 먹을 배는 남았지?"

엄마가 케이크와 과일을 가지고 나오며 장난스럽게 말했다. 외할머니가 만들어 온 식혜와 함께 먹는 케이크는 정말 꿀맛이었다.

"형부, 집에서 회사까지 통근 시간 얼마나 걸려요?"

이모가 아빠에게 물었다.

"평소에는 지하철로 30분이면 되는데 오늘은 외근이 있어 차를 가지고 나갔다가 많이 밀렸지. 늦어서 미안해, 처제."

"늦어서 그런 게 아니라 매일 출퇴근할 때마다 사람들에게 치이면 너무 힘들 것 같아서요. 도시는 사람도 많고 물가도 비싸고. 저는 서울에서는 못 살 것 같아요."

"출퇴근길이 힘들긴 한데, 그래도 서울이니까 이 정도지 다른 지역에서 출퇴근하려면 더 힘들지 않나?"

"그런가?"

이모가 고개를 갸웃거리며 케이크를 먹었다.

"억만금을 준다고 해도 여기서는 답답해서 못 살겠어. 아무리 도시라도 그렇지, 사람이 어쩜 이렇게 많을 수가 있나? 식당에서 밥 한번 먹으려고 한 시간을 기다려야 한다니, 성질 급한 사람은 굶어 죽기 딱이네."

외할머니 말에 가족 모두가 웃음을 터뜨렸다.

"엄마, 거긴 맛집이에요. 사람 많은 게 당연하죠."

"맛집이라도 그리 사람 많은 데서 먹으면 정신없어 소화도 안 될 것 같구나."

외할머니 말에 이모가 고개를 끄덕였다.

"나도 그래. 도시에서 바글바글 몰려 사는 게 싫어 이사 갔잖아. 왜 다들 서울에서 살고 싶어 하는지 모르겠어. 젊은 사람들은 다 도시에 살아야 한다고 어디 적혀 있나 봐."

"그런 게 어디 적혀 있어요?"

"아니, 없지. 대한민국은 거주 이전의 자유가 있는 국가라고."

이모가 웃으면서 소아에게 다정하게 설명해 주었다.

"미지야, 그나저나 너는 만나는 사람은 없니?"

외할머니의 물음에 환하게 웃던 이모가 뾰로통한 표정이 됐다.

"엄마, 또 그 소리? 제발 포기하세요. 난 결혼도 안 할 거고 애도 안 낳을 거라니까? 지금도 이렇게 사람이 바글바글한데 나까지 보태고 싶진 않아요."

"아이고, 너도 자식 낳아 봐라. 포기가 되나."

외할머니가 고개를 절레절레 저었다.

"결혼도 싫고, 도시도 싫으면 내려와서 엄마랑 살자."

"엄마, 거긴 또 너무 시골이잖아요."

"젊은 네가 내려와 살면 좋잖아. 시골에는 노인들만 살라는 법 있냐?

시골은 일손이 부족해서 난리고, 여기 도시는 젊은 사람들 일할 곳이 없어서 난리라며?"

소아는 케이크를 먹으며 어른들의 대화를 가만히 들었다. 소아가 사는 도시는 사람이 많아 살기 힘들고, 반대로 외할머니가 사는 시골은 사람이 없어서 힘들다고 했다. 왜 어디는 사람이 많아 문제고 다른 곳은 사람이 없어 문제인지 궁금했다.

"왜 도시에는 사람이 많고, 시골에는 사람이 적어요?"

소아의 말에 온 가족이 소아를 바라봤다.

"대부분 국가가 그래. 일자리를 비롯해서 병원 학교 등 편의 시설이 도시에 밀집돼 있어 그렇지."

### 소아의 와글와글 인구 팁

## 왜 대도시에 인구가 쏠릴까?

경제 활동을 할 수 있는 인구가 대도시와 수도권에 집중된 이유는 성장 가능성이 높은 지역을 중심으로 집중적인 투자와 개발을 추진했기 때문이에요. 결과적으로 대도시와 수도권은 대기업뿐만 아니라 정치, 교육, 행정, 문화 시설, 대학, 언론 기관 등이 집중적으로 위치하게 되지요. 수도권 집중 현상은 전통적으로 지방이 강세였던 산업까지 수도권으로 이전하는 결과를 가져왔어요. 과거에는 지방이 강세였던 산업(조선, 철강, 자동차, 석유 화학, 섬유) 각각에 대해 수도권과 지방의 산업별 분포 현황을 비교해 보면, 자동차와 섬유 산업 등이 점차 수도권 중심으로 몰리고 있답니다.

아빠가 웃으며 대답했다.

그리고 보니 아까 식당 앞에서 어른들이 '인구 집중'이라는 말을 했던 게 떠올랐다. 소아는 도시와 시골에 관한 이야기를 나눌 때마다 인구라는 말이 나오자 갑자기 궁금해졌다.

"정말 이상해요. 도시랑 시골에 똑같이 편의 시설을 두면 되잖아요. 그럼 어디든 인구가 비슷해질 텐데."

소아는 쉬운 문제를 두고 고민하는 어른들이 이해되지 않았다.

"도시에는 학교나 일자리 등이 있으니 많은 사람이 살고 싶어 하지. 지방에는 일자리가 부족하니 인구가 적어지는 거고. 반반 똑같이 나눠 살라고 국가가 억지로 할 수 있는 게 아니란다."

소아가 고개를 끄덕였다.

"난 지방에서 살면 더 편할 거 같은데. 나도 사람 많은 건 별로예요. 거기 '맛나 갈비'도 사람만 많지 맛은 별로거든요."

소아의 말에 이모가 귀엽다는 듯 머리를 쓸어내렸다.

"역시 내 조카. 그래서 이모가 서울에 살지 않는 거야. 서울에 비해 집값도 저렴하고, 덜 복잡하고. 다들 우리 동네로 이사 오세요!"

이모가 엄마 아빠를 보며 천연덕스럽게 말했다.

"딸, 잘 생각해 봐. 이사를 하면 아빠는 회사와 멀어져. 그럼 아빠는 새벽에 출근했다가 밤늦게 퇴근해야 해. 그리고 소아 좋아하는 영화관이나, 마트, 학원도 이곳에 더 많아. 그러니까 이왕이면 도시에 사는 게 좋지 않겠어?"

엄마가 소아를 설득하듯 말했다.

"엄마, 전 학원은 안 좋아하는데요?"

소아 말에 아빠와 외할머니, 이모가 껄껄껄 웃기 시작했다. 가족들이 웃자 소아도 웃음이 절로 났다.

"요즘엔 젊은 사람들도 서울이 아닌 시골을 선택하기도 해. 집도 저렴하고 예전보다 편의 시설도 많이 생겼거든. 교통도 도시까지 오가기 어렵지 않은 세상이 되긴 했지."

이모의 말에 소아가 고개를 끄덕였다.

"전 할머니 집이 제일 좋아요. 할머니 집에서 살고 싶어요."

소아가 외할머니 품으로 파고들며 말했다. 외할머니가 소아 머리를 쓰다듬었다.

"거긴 너무 시골이지. 너 학교 다니려면 한참 걸어야 되고 버스도 오래 타야 해."

엄마 말에 외할머니가 엄마를 힐끗 보더니 말했다.

"난 너희 둘 거기서 학교도 보내고 잘만 키웠다. 예전엔 대추 마을에 아이들도 많고 북적북적했지. 우리 집만 딸 둘이라 적었어."

"둘이 적다고요? 난 혼자인데."

소아의 말에 외할머니가 빙그레 웃었다.

"옛날엔 넷도 낳고 다섯도 낳고 열도 낳고 그랬단다."

외할머니 말에 소아 입이 떡 벌어졌다. 소아네 반에 형제자매가 그렇게 많은 친구는 없었기 때문이다.

"우리 집만 아들이 없다고 엄마가 엄청나게 시달리셨지."

엄마 말에 이모가 고개를 끄덕거렸다.

"아들이 없는데 왜 할머니가 시달려요?"

"예전에는 집안의 대를 이어야 한다고 다들 아들만 낳으려고 했던 때

1장 도시에 산다는 건 뭘까?

## 소아의 와글와글 인구 팁

### 세계 인구의 날

1987년 7월 11일, 세계 인구가 50억 명을 넘은 것을 기념하기 위하여 국제 연합(UN)이 지정한 날이에요. 인류가 장차 직면하게 될 심각한 사태에 대비하여 세계 규모의 인구 전략을 모색하는 연구를 이날 발표했죠.

인구가 늘어나면서 환경 문제 역시 빠르게 심각해지고 있어요. 이미 현재 인류가 소비하는 자원의 수요를 맞추려면 평균 1.6개분의 지구가 필요한 상태라고 해요. 그럼 인구 증가만이 환경 오염의 원인일까요? 꼭 그렇지만은 않아요. 모든 인간이 자연을 파괴하고 오염시키고 있는 게 아니거든요. 좀 더 편리한 생활을 위해 자원을 소비하고 에너지를 낭비하는 사람들이 늘어나는 것이 문제지요. 전체적인 인구가 줄더라도 자원을 아끼지 않는다면 지구는 계속 병들어 갈 수밖에 없을 거예요. 우리는 인간과 지구가 공존할 수 있는 최선의 방법을 찾아야만 해요.

가 있었어."

"정말 알 수가 없는 세상이네요."

소아는 잘 이해할 수가 없었다.

"언니, 우리 다니던 초등학교는 폐교됐더라."

"거긴 진작 없어졌지. 마을에 아이들이 없잖아. 서울도 초등학교가 없어지는 곳이 늘고 있다더라. 아이들이 줄어드는 건 시골의 문제만은 아닌 것 같아."

소아 가족들은 할머니가 살던 시골의 예전 모습과 도시에 관해 이야기를 나누었다. 소아는 들으면 들을수록 궁금한 게 많아졌.

도시와 지방의 인구 비율은 왜 다른지, 외할머니는 왜 딸만 낳아 구박을 받았는지, 왜 아이들이 줄어드는지 알 수 없는 것 투성이였다.

## 한눈에 보는 인구수 Top 10

우리 지구에는 81억 명이 넘는 사람들이 살고 있어요. 어느 나라에 인구가 가장 많을까요? 세계 인구수 랭킹 10위 국가들을 만나 봐요. 우리나라는 2024년 기준 29위인데요. 땅 면적에 비해 인구 밀도는 높은 편이랍니다. (2024년, 통계청 KOSIS 기준)

**3 미국**
3억 3667만 3595명

**10 멕시코**
1억 3073만 9927명

**6 나이지리아**
2억 3674만 7130

**7 브라질**
2억 2005만 1512명

② 중국
14억 792만 9929명

⑨ 러시아
1억 4082만 810명

㉙ 한국
5130만 3688명

① 인도
14억 6386만 5525명

④ 인도네시아
2억 8156만 2465명

⑧ 방글라데시
1억 6869만 7184명

⑤ 파키스탄
2억 5236만 3571명

**토론왕 되기!**

## 인구가 많은 게 좋은 걸까?

우리나라는 요즘 인구의 자연 감소 문제로 골머리를 앓고 있어요. 자연 감소는 죽는 사람(사망자)이 태어나는 사람(출생아)보다 많아 인구가 감소하는 것을 의미해요. 통계청 발표에 따르면 대한민국 인구의 자연 감소는 꾸준히 계속되는 분위기예요. 자연 감소가 계속되는 것도 문제지만, 최근에는 남녀가 결혼하는 '혼인 건수'가 줄고 있는 것도 큰 문제예요. 결혼하는 사람이 줄어든다는 건 아이를 낳는 사람의 수 또한 적어진다는 의미이기 때문이죠. 2020년부터 본격적으로 대한민국의 인구 자연 감소가 시작되었다고 해요.

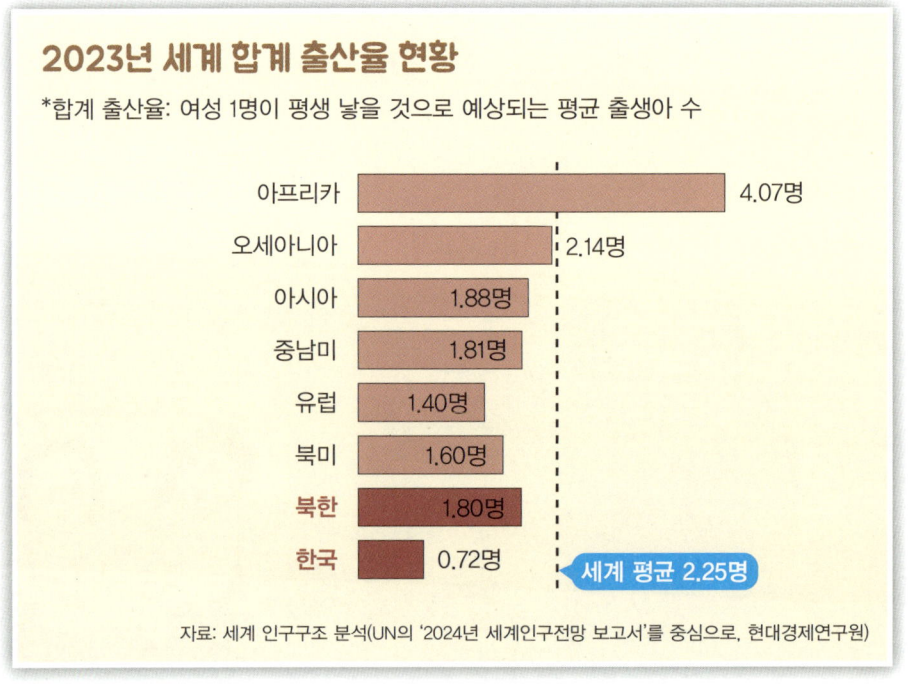

**2023년 세계 합계 출산율 현황**
*합계 출산율: 여성 1명이 평생 낳을 것으로 예상되는 평균 출생아 수

- 아프리카 4.07명
- 오세아니아 2.14명
- 아시아 1.88명
- 중남미 1.81명
- 유럽 1.40명
- 북미 1.60명
- 북한 1.80명
- 한국 0.72명

세계 평균 2.25명

자료: 세계 인구구조 분석(UN의 '2024년 세계인구전망 보고서'를 중심으로, 현대경제연구원)

반면, 세계 인구는 폭발적으로 늘어나고 있어요. 아시아, 아프리카 등 개발 도상국들에서 두드러지는 현상이지요. 2050년에는 세계 인구가 100억 명으로 늘어날 것이라고 전망하고 있어요. 한국은 자연 감소가 심각한 문제인데 세계 곳곳에서는 인구가 계속 늘어나서 고민인 거죠. 인구라는 건 늘어도 걱정, 줄어도 걱정이랍니다.

한국을 비롯해 일본, 영국, 프랑스 등 선진국들은 인구가 계속 줄어들어 걱정이에요. 태어나는 아이들의 수가 줄고 있고, 과학기술, 의료의 발달로 인간의 평균 수명이 길어져 노년층의 수가 늘어남에 따라 인구 고령화 문제가 발생해요. 반면, 개발 도상국에서는 인구가 폭발적으로 증가하고 있지만 증가하는 인구를 책임질 수 있는 사회적인 환경이 부족해요. 아이들이 질병과 가난, 전쟁 등 위험에 노출되는 경우도 많죠. 아이들에게 기본권인 의식주와 교육 등을 제공하기도 어렵고요.

이런 차이로 인해 각 국가와 지역, 계층에서 다양한 갈등이 불거져 나오고 있어요. 인구 문제는 환경 문제와도 밀접한 관계가 있어요. 인구가 증가할수록 그 인구가 사는 데 필요한 많은 자원이 요구돼요. 물과 음식, 집 등 수많은 자원을 만들기 위해서는 세계 곳곳에서 공장을 가동해요. 공장이 많이 돌아갈수록 쓰레기가 많이 배출되고 지구는 오염되죠. 또한 공장이 돌아가며 발생하는 열에너지로 지구는 뜨거워지고, 결국 빙하가 녹으며 자연재해가 발생할 수 있어요.

이런 이유 때문에 나라 상황에 맞춰 인구를 효율적으로 통제하고 관리하는 것이 필요해요. 인구 고령화 문제가 시작된 나라에서는 출산율을 높이며 국가의 지속 가능한 발전에 대해 고민해야 해요. 반면, 개발 도상국의 폭발적으로 늘어나는 인구 문제에도 관심을 가져 인류가 함께 발전할 수 있는 방법에 대해 고민해야지요.

세계적으로 이렇게 복잡한 인구 문제가 있는지 알고 있었나요? 인구가 많은 게 무조건 좋다는 말에 여러분은 어떻게 대답할 수 있을지 생각해 볼까요?

## 사다리 퀴즈

세계 인구수 1위에서 5위까지의 국가가 어느 나라인지 사다리를 타고 가며 알아보세요. (2024, 통계청 KOSIS 기준)

| 1위 | 2위 | 3위 | 4위 | 5위 |
|---|---|---|---|---|
| 14억 6386만 5525명 | 14억 792만 9929명 | 3억 3667만 3595명 | 2억 8156만 2465명 | 2억 5236만 3571명 |

중국 · 파키스탄 · 인도네시아 · 인도 · 미국

정답: 1위 - 중국, 2위 - 인도, 3위 - 미국, 4위 - 인도네시아, 5위 - 파키스탄

## 2장

# 대추 마을엔 노인이 산다

##  대추 마을 외할머니 집

    소아의 이번 여름 방학은 지겹고 재미없었다. 매일 최고치를 자랑하는 불볕더위와 열대야, 그보다 더 참을 수 없는 건 학원과 쌓여 가는 학습지였다.

    소아에겐 외할머니가 구원자였다. 소아는 엄마를 조르고 졸라서 학원 방학에 맞춰 외할머니 집으로 내려왔다. 소아의 꿀맛 같은 진짜 여름 방학이 시작되었다.

    "아, 역시. 이 향기 정말 좋아."

    소아가 큼큼거리며 외할머니 집 이곳저곳을 둘러보았다.

    "무슨 냄새가 난다는 거니? 뭐가 그리 좋아?"

"집 냄새, 나무 냄새, 흙냄새, 할머니 집에는 늘 좋은 냄새가 나요."
소아가 양팔을 쭉 뻗으며 기지개를 켰다.

외할머니 집은 서울에서 두 시간 거리에 있는 지역이었다. 기차역에서 산길을 따라 차를 타고 20분을 더 가면 대추 마을이 나온다. 대추 마을은 서른 가구 정도 사는 작은 마을이었다.

외할머니 집은 내부는 모두 현대식으로 고쳤지만 밖은 그대로였다. 단층집을 둘러싸고 낮은 담장이 쭉 늘어져 있었고, 마당 한쪽에는 작은 텃밭이 있었다.

그 옆쪽으로 커다란 가마솥을 걸쳐 놓아 외할머니는 닭백숙이며 고구마, 옥수수 등 소아가 좋아하는 걸 만들어 주었다.

"범식이도 와 있어. 가서 같이 놀아. 할미는 여기 정리 좀 하고 곧 따라갈 테니까."

외할머니의 말에 소아가 웃으며 집을 나섰다. 소아는 대추 마을 모든 곳이 낯익고 편안했다. 외할머니 집은 대추 마을 가장 위쪽에 있었다. 외할머니 집에 있으면 마을이 한눈에 내려다보였다. 마을 중심부로 이어지는 흙을 따라 걸으면 양옆으로 서른 채 넘는 집들이 군데군데 떨어져 자리잡고 있었다.

소아 할머니와 가장 가까이 이웃하고 있는 집은 노 할머니네였다. 그런데 노 할머니 집은 지난겨울부터 비어 있었다. 노 할머니가 몸이 자주 아파서 서울에 사는 아들 부부 집으로 이사 나갔기 때문이다. 그러고 보니 노 할머니네 말고도 빈집이 여러 채 눈에 띄었다.

길을 따라 5분 정도 내려가면 마을 회관이 나왔다. 마을 회관 주변에도 여러 집이 있었다. 그중 마을 중심에 있는 커다란 대추나무 아랫길로 쪼르륵 내려가면 하얀색 단층 주택이 나왔다.

"범식아."

소아 목소리에 범식이가 기다렸다는 듯 튀어나왔다.

"어? 소아잖아! 언제 왔어?"

지난 설날 이후 반년 만에 보지만 낯설지 않았다. 범식이는 어린 시절부터 외할머니네 집에 올 때마다 만나는 친구였기 때문이다.

"아까 전에. 너는?"

"난 방학 시작하자마자 왔지."

범식이가 웃으며 문을 열어 주었다.
"범식이가 엄청나게 심심해했는데 딱 맞춰서 우리 소아가 왔네."
"안녕하세요. 할머니는 정리하고 내려오신대요."
"그래. 조금 있다가 마을 회관으로 가서 같이 점심 먹자."
"네."
소아와 범식이는 밖으로 나왔다.
두 아이는 마을 회관 앞에 있는 평상으로 향했다. 그곳은 특별히 놀거리가 없는 대추 마을에서 두 아이의 유일한 놀이터였다. 산등성이에

서 불어오는 바람이 시원했다.

"신기하게 여긴 한여름에도 시원해. 서울은 완전 찜통이거든."

소아가 기지개를 켜며 평상에 드러누웠다. 살랑살랑 산에서 불어오는 바람이 기분 좋게 소아의 뺨을 간지럽혔다.

"서울에는 사람이 많으니까 더 덥지. 건물도 많고 에어컨도 많이 틀어서 더 더워지는 거래."

"대추 마을은 에어컨이 없어도 정말 시원한데. 그치?"

소아 말에 범식이가 피식 웃었다.

"난 더워도 서울이 좋아. 친구들이랑 피시방도 갈 수 있고, 축구도 할 수 있고, 재미있는 게 훨씬 많잖아."

"매일매일 학원에 숙제에……. 난 싫어. 여기가 훨씬 더 좋아."

"뭐. 생각해 보니 나도 반반. 어쨌든 여기엔 같이 놀 친구가 없다는 게 별로야."

범식이 말에 소아도 고개를 끄덕였다.

두 아이가 오순도순 이야기하는 사이 범식이 할머니가 김이 모락모락 올라오는 옥수수를 두 아이 곁에 가져다 놓았다.

"막 찐 거라 맛있을 거야. 소아야, 어서 먹어 봐."

"감사합니다."

소아가 옥수수를 집어 들었다. 사 먹는 것만큼 달콤하진 않았지만 특

유의 구수하고 쫀득쫀득한 맛이 살아 있었다.

"역시 여기서 먹는 옥수수가 최고예요!"

그때 소아 할머니가 김이 모락모락 나는 고구마를 가지고 내려왔다.

"이것도 먹어. 곧 점심 먹어야 하니까 너무 많이 먹지는 말고."

소아 할머니가 범식이와 소아에게 고구마 껍질을 벗겨 주며 말했다.

"역시 맛있어. 여기서 먹으면 뭐든 맛있어."

"거짓말. 난 피자랑 햄버거가 훨씬 더 맛있는데."

범식이가 구시렁거렸다.

"불만쟁이."

소아 말에 두 할머니가 마주 보고 웃었다.

"마을 회장이 내일 장에 다녀온다니 사 오라고 할게."

"치킨도요."

범식이 말에 할머니가 고개를 끄덕였다.

"할머니는 왜 서울이 싫어요? 난 시골보다 서울이 훨씬 좋던데."

범식이는 아무래도 할머니들을 이해하지 못하는 모양이었다.

"넌 거기에 친구들이 있고, 난 여기에 친구들이 있으니까."

범식이가 고개를 끄덕였다.

"범식아, 이제 소아가 내려왔으니까 둘이 재미나게 놀면 되잖냐. 안 그러냐?"

"그래. 그만 좀 투덜거려."

소아 말에 범식이가 칫 하고 웃으며 옥수수를 뜯었다.

"예전에는 이 동네에도 아이들 소리가 가득했는데."

소아 할머니가 추억에 젖은 목소리로 말했다.

그 많은 아이들과 청년들은 다 어디로 가 버렸을까. 시골은 정말 아무 재미도 없고 의미도 없는 곳이 된 것일까? 소아는 궁금한 것들이 잔뜩 생기기 시작했다.

 **소아의 와글와글 인구 팁**

## 이제 시골로도 사람이 모인다고?

산업화와 도시화에 따라 일자리가 풍부한 도시로 농촌 인구가 이동하는 현상을 '이촌향도'라고 해요. 그런데 앞으로는 대도시에서 사람이 빠져나가고 지방에 인구가 퍼지는 '역(逆) 이촌향도'가 심화할 전망이에요. 젊은 층이 값비싼 주택 가격 탓에 대도시보다는 출퇴근이 가능한 근교로 이동할 것으로 보이기 때문이에요. 또 고령화 심화와 노인 인구 증가 속도에 맞춰 은퇴한 세대는 귀농·귀촌을 위해 지방으로 내려갈 것으로 예측하고 있지요. 또한 공단이 분포한 지역으로 외국인 노동자가 유입될 가능성이 높아졌어요. 통계청 자료에 따르면, 2019~2047년 서울·부산·대구·광주·대전·울산 등 주요 광역시에서는 일제히 인구가 순 유출하고 도(道) 지역에서는 순 유입할 것으로 예측하고 있어요.

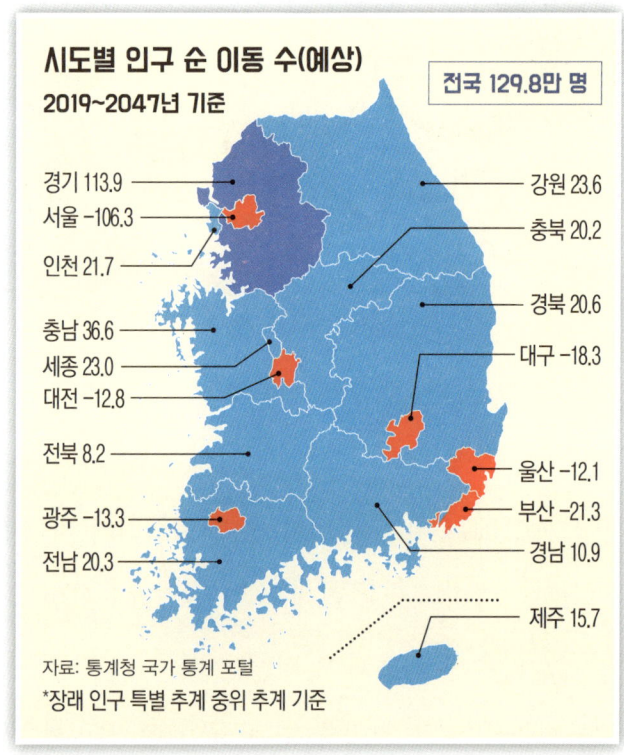

시도별 인구 순 이동 수(예상) 2019~2047년 기준 / 전국 129.8만 명
경기 113.9, 서울 -106.3, 인천 21.7, 강원 23.6, 충북 20.2, 충남 36.6, 세종 23.0, 대전 -12.8, 경북 20.6, 대구 -18.3, 전북 8.2, 광주 -13.5, 전남 20.3, 울산 -12.1, 부산 -21.3, 경남 10.9, 제주 15.7
자료: 통계청 국가 통계 포털
*장래 인구 특별 추계 중위 추계 기준

##  옛날 옛적 대추 마을에 아이들이 있었다

"하긴 자네가 낳은 아이만도 다섯이지."

소아 할머니 말에 범식이 할머니가 고개를 끄덕였다.

"여기 이 동네에 정말 아이들이 많았던 때가 있어요?"

소아는 이 조용한 곳에 아이들이 가득했다는 게 상상이 안 됐다.

"우리 때만 해도 아이를 낳으면 서넛씩 낳으니, 동네마다 아이들이 많았지. 지금은 대추 마을에 사람이 적어 보여도 그때는 젊은 사람도 많고 그랬지."

"맞아. 옆 동네 아이들까지 몰려오면 진짜 볼만했지."

"여기서 농사지으며 아이 다섯을 다 키웠어."

범식이 할머니가 추억에 젖어 말했다.

"그랬지. 이곳에서 초등학교 중학교 고등학교까지 다 보내고 서울로 대학도 보내고."

소아는 두 할머니의 이야기를 들으며 마을 회관을 바라봤다. 그러고는 많은 아이들이 마을 회관 마당에서 함께 뛰어노는 모습을 상상했다.

"왜 다들 서울로 간 거예요?"

"서울에서 학교나 직장을 다녀야 하니까 그렇지."

범식이가 왜 당연한 걸 묻냐는 투로 소아에게 대답했다.

소아는 매일 출퇴근길마다 고생하는 아빠가 떠올랐다. 주말마다 식당과 극장에도 사람들이 바글바글했다. 무엇보다 비싼 집값 때문에 여러 번 이사 다녀야 하는 것도 싫었다.

"여기는 일할 게 없어요? 꼭 서울에서만 일해야 하는 건 아니잖아요."

"하긴 우리 막내삼촌만 해도 대학 졸업한 후에 서울에서 취업을 못해서 엄청 고생하고 있어."

소아 말에 범식이도 고개를 갸웃거리며 말했다.

"젊은 사람들은 도시에서 편안하게 일하고 싶겠지. 힘들게 농사짓고 싶어 하지 않아. 도시는 일할 곳이 부족하고, 여기 시골은 젊은 사람이 없어서 일손이 모자라 힘들고."

소아 할머니가 쯧쯧 혀를 찼다.

"그런데 젊은이들 입장에서 보면 촌 동네보다는 도시에 살고 싶겠지. 일도 일이지만 도시에 좋은 게 많잖아."

범식이 할머니 말에 모두가 끄덕였다.

"그래도 난 할머니 집이 제일 좋아요. 어른 되면 여기서 살 거예요."

"아이고, 역시 내 강아지가 최고네."

소아 말에 할머니가 함박웃음을 지었다.

"공부하고 취직하려면 서울이 좋긴 좋지. 나도 자식 다섯을 다 서울로 대학 보냈잖아."

범식 할머니가 범식이의 머리를 쓰다듬으며 자랑스럽게 말했다.

"요즘은 시골에서 살고 싶다고 오는 젊은이들도 있다던데?"

"그러게. 귀촌하는 젊은이들이 있다고 하는데, 우리 마을에는 왜 안 오는지 모르겠네."

"동네에 나이 든 사람들만 있으니 활기가 없어. 이렇게 너희들이 와서 웃으며 뛰어다녀야 비로소 마을에 활기가 도는구나."

범식이 할머니가 두 아이를 바라보며 말했다.

"갓난아이 울음소리 들어 본 게 언제인가 싶네."

"나도 갓난아이는 우리 소아가 마지막이야."

"그나저나 자네 막내는 시집 안 간대?"

"아이고, 입 아픈 얘기는 하지 말자고. 내가 우리 미지 생각만 하면 머리가 지끈지끈거린다니까."

"그 집 막내는 공부도 잘했잖아. 지금도 잘나가는 작가라며? 도대체 왜 결혼을 안 한다는 거래?"

"결혼하고 아이를 낳으면 인생이 끝나는 줄 안다니까."

소아 할머니가 한숨을 내쉬었다.

"글 쓰는 건 아이 낳고서도 얼마든지 할 수 있는 거 아니야?"

"내 말이. 왜 그렇게 결혼 이야기만 나오면 질색하는지."

소아 할머니가 막내 이모 생각에 계속 한숨을 쉬자, 범식이 할머니는 이해한다는 표정으로 고개를 끄덕였다.

두 할머니는 다시 대추 마을의 과거 이야기를 하며 추억에 젖었다.

  **소아의 와글와글 인구 팁**

### 도시에만 인구가 집중되면 어떻게 될까?

인구나 산업 등이 도시에 지나치게 집중되어 있는 현상을 '도시 과밀화'라고 해요. 우리나라는 1960년대 이후 도시를 중심으로 산업이 집중적으로 발전하면서 이촌 향도 현상이 가속화됐어요. 이로 인해 인구가 지나치게 도시로 집중되었는데, 특히 수도권에 인구 과밀화 현상이 두드러져요. 통계청에 따르면 우리나라 전체 인구 중 약 50% 가까운 인구가 전체 국토 면적의 약 12%에 해당하는 수도권에 거주하는 것으로 나타났어요. 뿐만 아니라 경제 활동 인구의 50% 이상이, 사업체 수의 47% 이상이 수도권에 집중되어 있죠. 인구나 산업이 과밀화되면 주택이나 공공시설이 부족해지고 교통 체증, 환경 오염, 물가 상승 등 다양한 도시 문제가 발생해요.

### 도넛 현상에 대해 들어 봤니?

교통이 편리하고 주요 관청, 대기업 본사, 금융 기관 등 상업 및 업무 기능이 집중되어 있는 곳을 도시의 중심지라고 하여 도심(都心) 지역이라고 해요. 낮에는 사람들이 등교나 출근, 쇼핑 등을 위해 도시의 중심지에 몰렸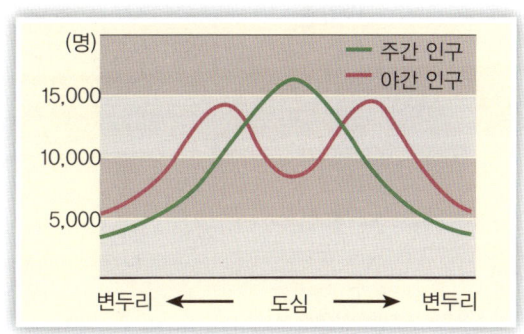

다가, 밤이 되면 각자 도심의 주변 지역에 있는 거주지로 되돌아가므로 도심 지역은 인구가 다시 줄어들지요. 이렇게 낮에는 인구가 많았다가 밤이 되면 인구가 줄어드는 현상을 '인구 공동화 현상'이라고 해요. 사람들이 빠져나간 도심의 텅 빈 모습이 마치 도넛 한가운데 구멍이 있는 것과 비슷하다고 해서 '도넛 현상'이라고도 부른답니다.

# 인구 피라미드

우리나라 통계청 발표에 따르면 한국 인구는 2030년에 5200만 명으로 정점을 찍은 뒤 계속해서 감소할 것이라고 해요. 여러 상황을 종합해 볼 때 한국의 인구 순위는 2024년 기준 세계 29위이지만 2030년 31위, 2060년 49위로 떨어질 것으로 추측하고 있지요. 그동안 인구 밀도가 높은 게 문제라고 했으니, 인구가 줄면 다행 아니냐고요? 일할 수 있는 청년, 중장년층 인구가 많다면 상관없지만 출산율은 떨어지고 노인 인구가 절대적으로 늘고 있기 때문에 국가 경쟁력 차원에서는 환영할 만한 일이 아니에요. 인구 변화에 따른 그래프 모양을 보면 어떤 문제가 있는지 한눈에 알 수 있어요.

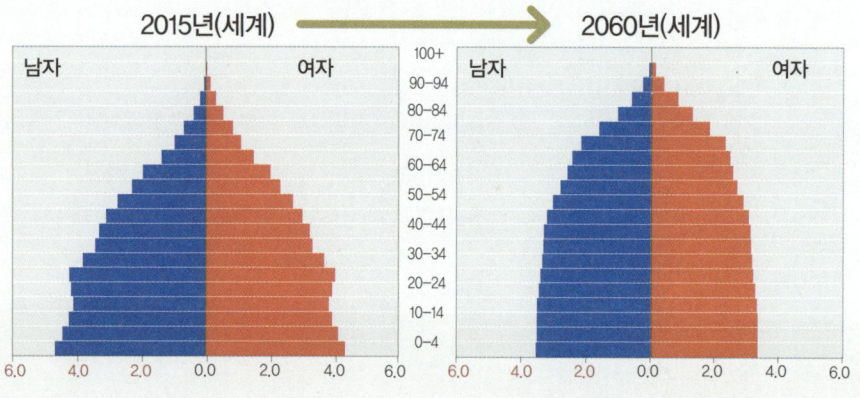

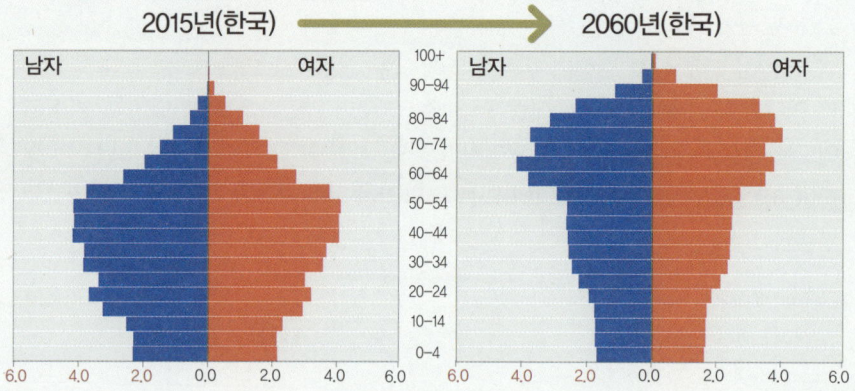

※ 총 인구에 대한 연령별 인구 구성 비율(%)

자료: 통계청

## 각 인구 피라미드의 형태별 특징

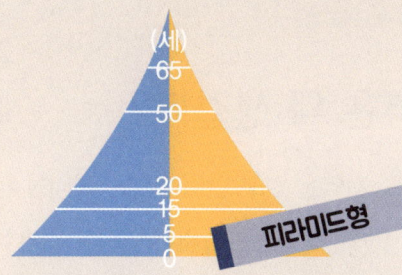

출생률은 조절되지 않고 사망률이 점차 저하되는 형태로, 인구 증가가 심한 증가형이라고 할 수 있어요. 멕시코·브라질·인도 등이 그 좋은 예지요.

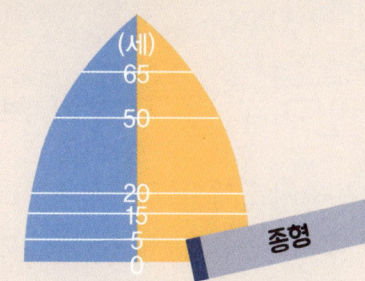

출생률·사망률이 모두 낮고 인구 증가가 정체 상태인 형으로 정지형이라고 할 수 있어요. 영국·스웨덴·미국 등 선진국들이 대체로 이에 속해요.

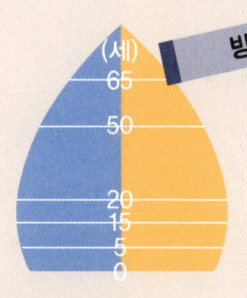

사망률이 낮아 인구 증가율은 정체 상태이나 출생률이 저하되면서 오히려 인구가 감퇴하는 형태로, 항아리형이라고도 해요. 제2차 세계 대전 전의 프랑스, 1970년대 독일의 경우가 그 예랍니다.

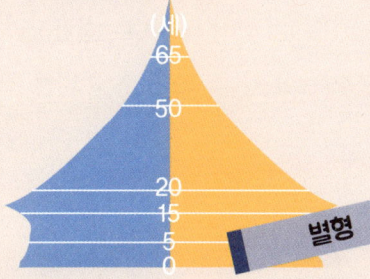

인구 이동에 의해서 나타나는 형태로 생산 연령 인구의 전입에 의한 것이라서 도시형 또는 전입형이라고도 불러요. 대도시·신개척지 등이 그 예지요.

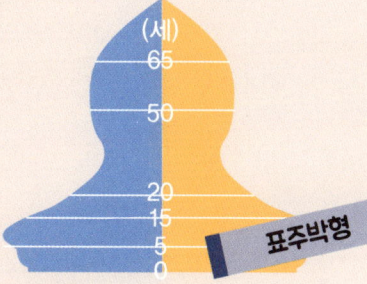

도시형과 반대인 농촌형이에요. 생산 연령 인구의 전출에 의해 나타나는 형태로 유소년층·노년층이 많아요. 전출형이라고도 불려요.

**토론왕 되기!**

## 인구 과밀 지역과 부족 지역은 왜 생길까?

인구 과밀 지역은 인구 밀도가 높은 지역, 부족 지역은 인구 밀도가 낮은 지역을 의미해요. 인구 밀도는 단위 면적에 대한 평균 인구수의 비율을 의미하는데, 일반적으로 1㎢에 대한 인구수로 나타내요.

우리나라의 인구 밀도는 1㎢에 507명으로, 특히 서울·인천 지역은 OECD 국가 중에 1위예요. 마카오, 모나코, 싱가포르, 홍콩 등 작은 국가 혹은 속령, 자치령인 도시를 제외하면 우리나라는 전 세계에서 세 번째로 인구 밀도가 높지요. 세계 1위는 1㎢에 1094명인 방글라데시, 세계 2위는 1㎢에 649명인 대만이랍니다.

### 우리나라는 도시에 거주하는 인구가 50%가 넘는다?

한국의 도시화율(한 국가의 전체 인구 중 도시 거주 인구가 차지하는 비율)은 1960년 27.2%, 1970년 40.7%, 1980년 56.7%로 산업화에 의한 이촌향도 현상이 나타난 1970년대를 전후해 도시 인구가 늘었어요.

1990년 73.8%에 이르렀고, 2002년부터 80%를 넘어섰지요. 수도권이 전체 인구에서 차지하는 비중은 1980년 35.5%, 1990년 42.8%, 2010년 49.1%로 증가하였고, 2025년 5월 주민 등록 인구 기준 행정 구역별 인구 조사에서는 50%를 넘는 것으로 나타났답니다.

### 수도권 지역에 인구가 늘어나는 이유는?

제조업의 발달과 더불어 발전된 산업의 분업 체계 속에서 사람들의 경제 활동이 전문화되는 과정을 산업화라고 해요. 산업화는 우리 생활에 많은 변화를 가져왔어요. 과거 초가집이나 기와집이었던 가옥은 아파트가 등장하며 대표적인 주거 양식으로 자리 잡았지요. 전기와 텔레비전이 보급되었고, 자동차도 가정마다 소유하게 됐어요. 개인용 컴퓨터(PC)와 인터넷, 휴대 전화가 보급되며 세상은 더욱 편리해졌답니다. 산업화는 도시화를 촉진한 원인이에요. 사람들은 교육과 문화, 의료, 산업 등 시설이 집중된 도시로 옮겨 와 생활하기 시작했지요.

### 인구 과밀로 생기는 문제는?

우리나라의 인구 과밀 지역으로는 수도권과 남동 임해(우리나라 동남 해안의 영일만에서 광양만에 이르는 임해 공업 지대) 지역, 인구 과소 지역으로는 강원도 태백 및 소백 산지를 비롯한 농어촌 산간 지대를 들 수 있어요. 한정된 지역에 많은 사람이 살다 보면 문제가 생길 수밖에 없어요. 먼저 한정된 직장에 많은 경쟁자가 생기니 실업 문제가 생기지요. 주택이 모자라고 도로마다 차가 가득해지며 교통난도 발생해요. 또한 청소 문제를 비롯해 각종 공해와 재해, 범죄 등 사고 등의 발생도 늘어나게 돼요. 이처럼 젊은 사람들이 수도권에 집중되다 보니 인구 부족 도시의 경우엔 일손이 부족하며 고령화는 점점 심해지게 되지요. 또한 교육 시설과 의료 시설이 부족한 문제도 생긴답니다.

인구 과밀 문제를 해결하려면 어떻게 해야 할지 친구들과 이야기를 나누어 보세요.

# 가로세로 낱말 퀴즈

인구에 관련된 낱말을 찾아 빈칸을 채워 보세요.

### 가로 열쇠

① 일정한 지역의 정치·경제·문화의 중심이 되는, 사람이 많이 사는 지역을 말해요.
② 큰길에서 들어가 동네 안을 이리저리 통하는 좁은 길.
③ 가난할수록 더욱 가난해지는 걸 말해요.
④ 도시 경제의 성장 및 도시화로 인하여 농촌 인구가 농촌을 떠나 도시로 이동하는 현상을 말해요.
⑤ 도시에서 떨어져 한적한 느낌을 주는 시골에 나 있는 길.
⑥ 실현하려고 하는 일이나 나아가는 방향.

### 세로 열쇠

❶ 도시에서 떨어져 있는 지역. 주로 도시보다 인구수가 적고 인공적인 개발이 덜 돼 자연을 접하기가 쉬운 곳을 이르는 말이에요.
❷ 부자일수록 더욱 부자가 되는 걸 말해요.
❸ 지역이 넓고 인구가 많은 도시.
❹ 농사일을 그만두고 농촌을 떠나는 농민.
❺ 큰길에서 좁은 길로 들어가는 어귀를 말해요.

정답: 가로 열쇠 ① 도시, ② 골목, ③ 빈익빈, ④ 이촌향도, ⑤ 시골길, ⑥ 방향 / 세로 열쇠 ❶ 시골, ❷ 부익부, ❸ 대도시, ❹ 이농민, ❺ 골목길

# 3장

## 동생이 필요해

###  수정이 동생 은정이

"한소아! 엄마 약속 있어 나간다. 가만히 누워 있지만 말고 숙제도 하고 공부도 좀 하고. 알았지?"

엄마가 소파에 누워 있는 소아를 보며 으름장을 놓았다.

"엄마, 이렇게 더운데 정말 개학한대요? 여름이 안 끝났는데 왜 여름 방학이 끝나지? 난 더워서 정말로 꼼짝도 할 수가 없는데."

소아의 하소연에 엄마가 웃었다.

"엄마, 어디 가요?"

"이모네."

"일산 이모네? 진작 말하죠! 저도 따라갈까요?"

소아가 눈을 반짝이며 벌떡 일어났다.
"너 수정이네 놀러 간다고 하지 않았어?"
엄마가 가방을 챙기며 말했다.
"맞다. 수정이네 간다고 했지."
소아가 고개를 끄덕였다.
"몇 시에 간다고?"
"수정이 학습지 끝나고 2시쯤요."
"너도 수정이처럼 공부 좀 해라. 수정이는 공부도 잘하고 엄마 말도 잘 듣고. 완전 예뻐."
"엄마, 옆집 딸이랑 비교하는 건 아니죠. 저도 그럼 수정이네 엄마랑 비교해요?"

소아가 발끈하자 엄마가 피식 웃음을 보였다.

"아이고, 말을 하지 말아야지. 식탁 위에 간식 챙겨 둘 테니까 들고 가서 같이 먹어."

"네."

"엄마 저녁밥 먹기 전에 들어오니까 너도 늦지 말고."

"알았어요."

소아가 선풍기를 바싹 끌어당겼다. 여름 방학은 이제 일주일도 남지 않았는데 날씨는 계속 더웠다. 할머니 집에 있다 오니 더 덥게 느껴지기도 했다. 소아는 대충 씻고 옆집 수정이네로 건너갔다.

"언니."

"은정아, 안녕."

수정이보다 수정이 동생 은정이가 먼저 뛰어나와 알은척했다. 은정이는 이제 막 다섯 살이 됐다. 말을 조잘조잘 잘했지만, 안 되는 발음이 있어 오물거리며 말하는 건 정말 귀여웠다. 소아는 은정이를 엄청 예뻐했다.

"이거 엄마가 싸 주셨어요."

소아는 엄마가 싸 준 간식거리를 수정이 엄마에게 드린 후 수정이 방으로 들어왔다. 막 학습지를 마친 수정이가 책상을 정리하며 반갑게 손을 흔들었다.

"소아야, 너 이번에 방톡 올라온 영상 봤어? 노래 따라 하는 영상인데 완전히 웃겨."

수정이가 태블릿 PC를 꺼내 오며 말했다. 방톡은 요즘 아이들 사이에서 최고로 인기 있는 앱이었다. 재미있는 영상이나 춤, 노래 등을 따라 해 찍어 올리는 건데 웃긴 영상이 많았다.

"언니, 나도 나도."

언제 들어왔는지 은정이가 두 아이 곁에서 기웃거렸다. 수정이는 그런 은정이가 귀찮은 듯 고개를 절레절레 저었다. 하지만 은정이는 무슨 영상을 보는지도 모르면서 두 언니가 웃을 때마다 함께 꺄르르르 따라 웃었다. 소아는 그 모습이 귀여워서 볼을 쓰다듬었다.

"오수정, 동생 앞에서 영상 보지 말라고 했지!"

그때였다. 수정이 엄마가 간식을 가지고 들어오다 세 아이를 보며 한숨을 내쉬었다.

"방금 켰는데 은정이가 따라 본 거예요."

"언니가 돼서 동생에게 좋은 모습을 보여 줘야지."

소아가 민망한 듯 가만히 고개를 숙였다. 수정이는 가끔 동생 은정이 때문에 엄마에게 혼이 났다. 그럴 때 보면 동생이 있는 게 꼭 좋은 것만은 아닌 것 같았다.

"방금 켠 거라니까요. 지금까지 학습지 한 거 아시잖아요."

"아는데, 은정이는 영상 보여 주지 마."

"알았다고요. 전 소아랑 놀 거라고요. 은정이 너 나가."

수정이가 기분이 상한 듯 은정이를 밀어냈다.

"싫어. 언니랑 놀 거야."

은정이가 소아를 붙잡고 늘어졌다.

"너 때문에 내가 엄마한테 혼났잖아. 나가서 놀아."

"수정아, 동생이랑 같이 놀아. 영상만 보여 주지 말고."

수정이 엄마가 난처해하며 말했다.

수정이네서 놀면 재미있지만 가끔 은정이 때문에 수정이가 심통을 부리곤 했다.

'엄마가 이 모습을 보셨다면 수정이를 칭찬하지 않으실 텐데.'

소아는 수정이를 예뻐하는 엄마를 떠올리니 피식 웃음이 나왔다.

수정이가 은정이와 안 놀겠다고 버티자 결국 은정이는 울음을 터뜨렸다. 수정이 엄마는 수정이를 한 번 째려본 후 은정이를 데리고 나갔다.

소아는 이런 소란이 불편하면서도 한편으로는 부러운 마음이 들었다. 소아는 늘 혼자였다. 동생과 다투고 툭탁거리는 게 온종일 혼자 있는 것보다 나아 보였다. 수정이네 집은 늘 시끌벅적했다. 수정이는 은정이를 귀찮아할 때가 많았지만, 소아는 수정이가 동생을 엄청나게 예뻐하는 걸 알고 있었다.

"수정이 너는 정말 좋겠다."

"뭐가?"

소아가 수정이 방에 있는 은정이 장난감을 보며 말했다.

"동생이 있잖아. 너만 졸졸 따라다니는 귀여운 동생."

"무슨 말이야. 난 네가 부럽다. 모든 가족이 너만 예뻐하고 너를 위해 주잖아."

"난 은정이 같은 동생만 있으면 소원이 없을 것 같아."

"동생은 싫어. 멋진 오빠나 예쁜 언니가 있었으면 진짜 좋았을 텐데."

"치. 욕심쟁이. 있는 애들이 더하네."

소아가 어이없다는 표정으로 수정이를 바라봤다. 수정이도 피식하며 웃었다.

수정이는 처음 동생이 생겼을 때 동네방네 자랑했다. 온 동네에 다니며 만나는 사람마다 동생이 있다고 자랑하고 다녔다. 수정이는 지금도 은정이가 해 달라고 하면 자기 물건을 선뜻 내주는 좋은 언니였다.

 소아의 와글와글 인구 팁

## 저출산 원인은 무엇일까?

우리나라 합계 출산율(여성 1명이 평생 낳을 것으로 예상되는 출생아 수)은 0.72명(2023년 기준)이에요. 임신·출산을 겪지 않은 부부 중 다수가 '부부만의 생활을 즐기고 싶다.'며 무자녀를 선택했기 때문이죠. 통계청에 따르면 1950년생 여성 중 자녀가 없는 경우는 단 2.5%에 그쳤지만, 1975년생 기혼 여성 중 자녀가 없는 비중은 6.8%로 높아졌고, 1980년생 기혼 여성의 경우 무려 12.9%에 달해요.

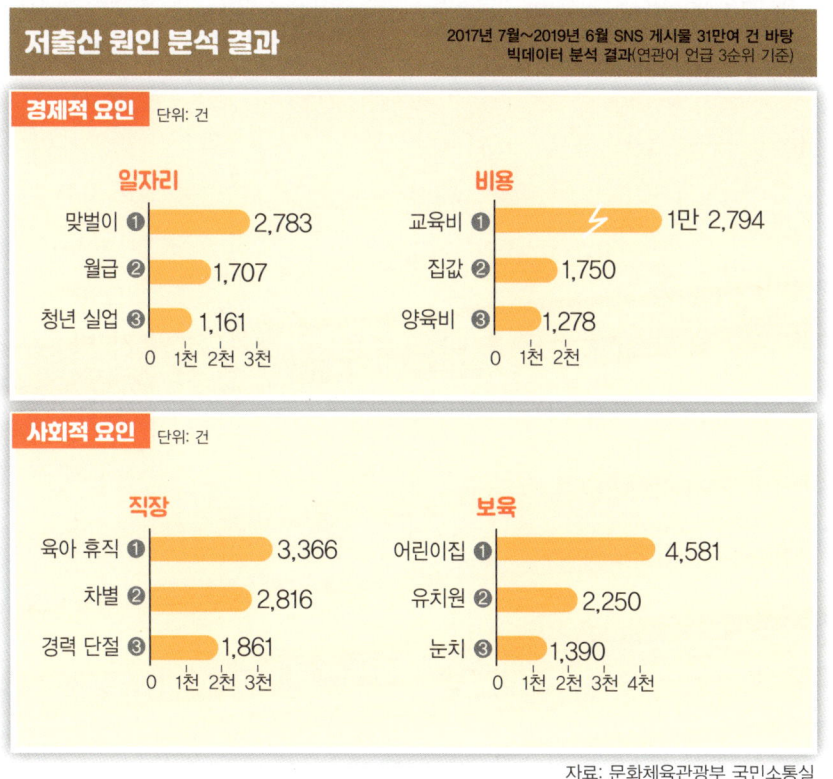

저출산 원인 분석 결과 (2017년 7월~2019년 6월 SNS 게시물 31만여 건 바탕 빅데이터 분석 결과(연관어 언급 3순위 기준))

경제적 요인 (단위: 건)
- 일자리: 맞벌이 ① 2,783 / 월급 ② 1,707 / 청년 실업 ③ 1,161
- 비용: 교육비 ① 1만 2,794 / 집값 ② 1,750 / 양육비 ③ 1,278

사회적 요인 (단위: 건)
- 직장: 육아 휴직 ① 3,366 / 차별 ② 2,816 / 경력 단절 ③ 1,861
- 보육: 어린이집 ① 4,581 / 유치원 ② 2,250 / 눈치 ③ 1,390

자료: 문화체육관광부 국민소통실

 **나에게도 동생이?**

저녁 전에 오겠다던 엄마는 밤이 다 되어 집에 도착했다. 소아가 아빠와 함께 짜장면을 시켜 먹은 후였다.

"여보, 밥을 챙겨 먹여야지."

엄마가 눈을 흘기며 아빠와 짜장면 그릇을 바라봤다.

"가끔은 별식도 필요한 거야. 어떻게 사람이 집밥만 먹고 살아. 당신은 저녁 먹었어?"

"미지랑 먹었어."

"처제는 무슨 일이래?"

"별일 아니야."

엄마가 피식 웃으며 말했다.

"당신은? 요 며칠 감기 기운 때문에 고생이잖아. 병원 가 봐."

"응. 안 그래도 병원 다녀왔어. 괜찮대."

엄마가 옷을 갈아입은 후 소파에 앉았다. 엄마는 소아와 아빠가 함께 예능 프로그램을 보며 박장대소하는 모습만 물끄러미 바라봤다. 평소 같으면 "여보, 텔레비전 꺼. 소아 공부해야 한단 말이야. 아빠가 돼서 어떻게 딸이랑 똑같이 놀아."라고 구박했을 엄마였다.

엄마가 너무 잠잠하게 있자 아빠가 먼저 눈치를 봤다.

"당신, 무슨 일 있어? 처제한테 무슨 일 생긴 거 아니야?"

"괜찮다니까."

엄마가 힘없이 말했다.

소아도 뭔가 이상한 느낌이 들었다. 평소 같으면 똑부러지는 엄마가 웬일로 말끝을 흐리며 힘이 없었다. 그럴 때는 엄마에게 뭔가 고민이 있다는 뜻이었다.

"엄마, 어디 아파요?"

소아가 엄마의 얼굴을 살피며 말했다. 엄마는 자신을 걱정하는 딸아이를 기특하다는 듯 바라봤다.

"소아야, 넌 동생이 생기면 어떨 거 같아?"

"난 너무 좋죠. 엄마, 내 소원이 뭔지 잊었어요? 내 소원은 늘! 항상! 언제나 동생이에요."

엄마가 피식 웃었다.

"그놈의 동생 타령은. 소아 너도 못 말리겠다."

아빠가 심드렁하게 말했다.

"갑자기 소아 동생 얘기는 왜 하는데?"

"소아 아빠, 나 임신했어."

아빠가 리모컨을 툭 떨어뜨렸다. 그리고 엄마를 돌아봤다. 소아는 무슨 말인가 싶어 엄마와 아빠를 멍하니 바라봤다.

"뭐, 뭐라고?"

아빠가 다시 벌떡 일어났다.

"아이고, 놀라라. 애 떨어지겠네!"

엄마가 가슴을 쓸어 내리며 아빠를 보고 환하게 웃었다.

"그게 정말이야? 소아 동생이 생겼다고?"

아빠 얼굴이 빨갛게 달아오르기 시작했다. 좋아서 어쩔 줄 모르는 표정으로 엄마를 바라보던 아빠는 옆에 있던 소아에게 외쳤다.

"소아야, 들었지? 너 동생 생긴대."

"정말? 대박. 엄마 최고!"

"맞아. 우리 마누라 최고야!"

소아와 아빠는 이제야 실감이 난다는 듯 서로 얼싸안고 소리를 질러 댔다.

그 모습을 지켜보며 엄마는 알 수 없는 미소를 보였다. 분명 좋은 듯했지만 뭔가 걱정스러운 표정이었다.

"아빠 뭐 하세요. 빨리 과일 깎아 오세요. 그래야 예쁜 동생이 태어나죠."

소아가 드라마에서 들었던 대사를 떠올리며 아빠에게 말했다.

"여보, 뭐 먹고 싶은 거 없어? 내가 다 해 줄게. 아니다, 먼저 어른들께 연락부터 드려야겠다."

아빠가 좀처럼 흥분을 가라앉히지 못하고 허둥댔다.

"여보, 잠깐 진정해. 앉아 봐. 얘기를 좀 하자고."

"그럼, 그럼. 얘기해야지. 어서 해 봐."

"엄마, 여동생이죠? 예쁜 여동생 맞죠?"

소아가 잔뜩 기대에 찬 얼굴로 물었다. 엄마가 어이없다는 듯 웃으며 고개를 저었다.

"아니에요? 여동생이 좋은데."

소아가 약간 실망한 표정을 지었다.

"잠깐만. 다들 잠깐만 진정해 보라고. 정신없네, 정말."

엄마의 말에 모두 얌전히 앉았다. 소아와 아빠는 지금부터는 엄마가 시키는 일이라면 무슨 일이든 할 수 있을 것 같았다.

"소아야, 지금 배 속에 있는 아기는 너무 작아서 여동생인지 남동생인지 몰라. 그건 몇 달 후에나 알게 될 거야."

"아."

소아가 그제야 알겠다는 듯 고개를 끄덕거렸다.

"그리고 당신은 안정되기 전까지는 부모님께 말씀드리지 마. 이제 6주거든. 12주 안정기 들어가면 그때 말해도 늦지 않아."

"어. 그럴게."

아빠가 고개를 끄덕이며 말했다.

"소아 낳고 10년 만이라 완전 노산이야. 마흔이 다 돼서 이게 무슨 일인지."

엄마가 피곤하다는 표정을 지었다.

"생각해 보니 환갑에 둘째 대학 보내게 생겼네."

아빠는 그마저도 좋은 듯 싱글벙글 웃으며 말했다. 엄마는 그런 아빠의 모습에 피곤하다는 듯 고개를 절레절레했지만, 그러면서도 얼굴에 미소가 가득했다.

"이제 우린 네 식구가 될 준비를 해야 해. 모두 잘할 수 있지?"

엄마의 말에 소아와 아빠가 고개를 끄덕거렸다.

그날 밤, 소아는 부푼 가슴 때문에 잠을 제대로 이루지 못했다.

언제부터인지 기억도 나지 않을 정도로 소아는 매년 생일 케이크 앞에서 '동생이 생겼으면 좋겠어요.'라고 소원을 빌었다. 설날에도 크리스마스에도 마찬가지였다. 소아도 은정이처럼 귀여운 여동생이 생기길 바랐다. 소아의 장난감이나 아끼는 연필과 문구류를 다 줘도 아깝지 않을 것 같았다. 소아는 벌써 심장이 두근두근 뛰었다.

## 동생이 정말 좋아!

다음 날.

충청도에 사는 친할머니가 온갖 꾸러미를 잔뜩 챙겨 소아네를 찾았다. 아빠가 엄마와의 약속을 어기고 친할머니와 외할머니에게 연락했기 때문이었다. 엄마는 연신 아빠를 째려보며 불편한 티를 냈다.

"할머니, 안녕하세요!"

"어머니는 뭘 힘들게 새벽같이 오셨어요."

아빠가 당황한 듯 짐을 받아 들며 엄마 눈치를 봤다.

"소아 엄마는 움직이지 말고 앉아 있어라. 소아가 할머니 물 좀 떠 줄래?"

소아가 냉장고로 가 물을 따라 할머니께 가져다 드렸다. 친할머니는 가지고 온 음식들을 나누어 냉장고에 착착 정리했다.

"제가 정리할게요, 어머님."

"그냥 너는 앉아 있어. 늦둥이를 가졌으니 몸이 얼마나 힘들겠니. 가만히 쉬는 게 도와주는 거란다."

친할머니 말에 엄마가 얌전히 소파에 앉았다. 소아는 만날 잔소리를 하는 엄마가 꼼짝 못하는 모습을 보니 재미있었다. 친할머니는 반찬을 정리해 냉장고에 넣고, 엄마 먹을거리만 따로 챙겨 식사를 차렸다.

"입덧은 괜찮니?"

"네, 괜찮아요."

  소아의 와글와글 인구 팁

### 우리나라의 출산 장려 정책

우리나라는 육아 휴직 제도를 시행하고 있어요. 어린아이를 키우는 부모들을 지원하기 위하여 실시하고 있는 제도랍니다. 2001년부터 육아 휴직을 하는 사람에게 매달 일정한 금액을 지원하면서 남성들도 육아 휴직을 신청하기 시작했어요. 지자체에 따라 다둥이(2자녀 이상)를 낳을 경우 물건을 사거나 시설을 이용할 때 할인 받을 수 있는 카드를 발급하기도 하지요. 또한 임신을 하면 바우처를 발행해 출산 비용을 줄여 주거나 출산 장려금을 지급하기도 해요.

"순한 아이인가 보구나."

친할머니가 미소를 지었다.

"내가 멀리 있으니 챙겨 주지 못해 미안하구나. 소아 아비 네가 앞으로 잘 챙겨야 할 거다. 나이가 있는데 아이를 가졌으니 소아 때보다 훨씬 더 힘들 거야."

"그럼요, 어머니. 제가 손에 물도 안 묻히게 할 거예요."

아빠 말에 친할머니가 어이없다는 듯 웃었다.

"우리 소아가 엄마를 살뜰히 챙겨야 한다."

"그럼요, 할머니. 걱정 마세요!"

소아가 웃으며 고개를 끄덕였다.

"내가 며칠 전 꿈을 꾸고 딱 태몽인가 싶었다. 어디 다른 집에 경사가 들었나 했는데, 어젯밤 아범에게 전화가 온 거지 뭐니!"

친할머니가 눈물을 훔치며 말했다.

문득 소아는 엄마가 소아를 가졌을 때도 이렇게 기뻐했을까, 하는 생각이 들었다. 왠지 소아보다 더 기대하는 것 같았다.

"둘째가 안 생겨서 몇 년을 고생하더니. 소아가 딸이니 아들이면 좋겠구나. 그치?"

"할머니, 아직 아기가 작아서 남동생인지 여동생인지 모른대요. 그리고 저는 여동생이면 좋겠어요."

"그래요, 어머니. 아들이든 딸이든 다 귀하고 소중하죠."

"그래그래, 나도 잘 알지. 아들이든 딸이든 다 좋다. 노산이니까 네 건강도 신경 쓰고."

"네, 어머니, 알고 있어요."

엄마가 친할머니를 보며 말했다.

"할머니, 전 아기가 태어나면 정말 좋은 언니가 될 거예요."

소아의 말에 온 가족이 미소를 지었다. 지금 아기를 제일 기다리는 건 소아인 것 같았다.

# 시대별 인구 정책 및 출산 장려 정책

## 1950년

**"3남 2녀로 5명은 낳아야죠!"**

한국 전쟁 이후 대한민국은 그 어느 때보다 힘든 시기에 접어 들었어요. 전쟁의 상흔을 없애고 나라를 세우기 위해 아이를 많이 낳는 것을 추구하던 분위기였죠. 이에 1950년대에 많은 아이들이 태어나 '베이비붐' 세대가 시작됩니다.

## 1960년

**"덮어 놓고 낳다 보면 거지꼴을 못 면한다. 많이 낳아 고생 말고 적게 낳아 잘 키우자."**

한국이 인구 정책을 처음 수립한 시기는 1960년대 이후예요. 급격히 늘어나는 출생률을 조율하기 위해 정책적으로 출산 억제 정책을 시작하게 되지요. 빈곤 문제가 심각했기 때문에 정부 차원에서 너무 많은 아이를 낳지 않도록 권했답니다.

## 1970년

**"딸 아들 구별 말고 둘만 낳아 잘 기르자."**

1960년대에 이어 꾸준히 산아 제한 정책을 벌이던 시기예요. 1970년대는 아들을 낳기 위해 다자녀를 출산하는 가정들을 대상으로 둘만 낳자는 캠페인을 벌이기도 했어요. 아들 하나 낳겠다고 딸을 계속 낳았던 시절이지요.

## 1980년

**"한 부모에 한 아이 이웃 간에 오누이."**

1980년대가 되자 이제는 둘도 많으니 하나만 낳자고 하는 엄격한 산아 제한 정책을 펼쳤어요. '훌륭하게 키운 딸들 새 시대의 주역들', '우리는 외동딸' 등 여전히 남아 선호 사상에 따라 아들을 낳으려고 출산하는 걸 막으려는 포스터도 있었어요. '늘어나는 인구만큼 줄어드는 복지 후생', '가족 계획 실천으로 복지 사회 앞당기자' 등 노후 복지를 강조하며 산아 제한 정책을 펼치기 시작했답니다.

## 1990년

**"선생님! 착한 일 하면 여자 짝꿍 시켜 주나요."**

1990년대에 들어오면서 우리 사회는 남초 현상이 계속됐어요. 산아 제한 정책으로 아이를 적게 낳는 분위기가 되자, 이왕이면 대를 이을 수 있는 아들을 선호하던 사회 풍토 때문이었지요. 이 시기 출산 정책은 '아들 바람 부모 세대 짝꿍 없는 우리 세대' 등 남초 현상을 우려하며 여성에 대한 성차별을 줄이는 모습을 보였어요.

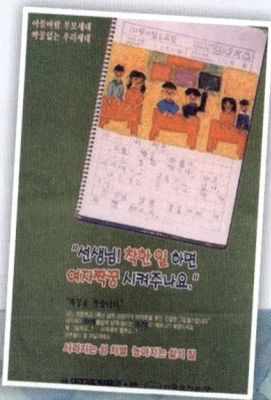

## 2000년 이후

**"자녀에게 가장 좋은 선물은 동생입니다. 아기들의 웃음소리 대한민국 희망 소리."**

2000년대 들어 저출산 문제가 심각히 제기되면서, 출산 장려 표어가 등장하기 시작했어요. 1960년대 시작된 출산 억제 정책이 180도로 바뀐 것이에요. 저출산 현상과 더불어 인구 고령화 현상이 이어지면서 저출산은 국가적인 문제로 대두되고 있답니다. 2020년대에 들어와서 '고운맘 카드'(임신·출산 진료비 지원)나 '5세 누리 과정'(만 5세아 보육·교육비 전액 지원) 등 더욱 적극적인 지원 정책을 펼치고 있지만 상황은 나아지지 않고 있어요.

자료: 인구 보건 복지 협회, 보건 복지부, 공익 광고 협의회

**토론왕 되기!**

## 저출산 문제, 해결 방안은 뭘까?

우리나라는 1960년대 중반 강력한 산아 제한 정책을 펼쳤어요. 정부의 정책과 더불어 여성의 교육 수준이 높아지고 사회 진출 기회가 증가하며 출산율은 계속 감소했어요. 결국 합계 출산율이 지속적으로 낮아져 통계청이 발표한 '출생·사망 통계 잠정 결과'에 따르면 2023년 합계 출산율(0.72명)은 역대 최저치를 기록했어요. 2018년(0.98명) 0명대로 떨어진 후 출산율이 더 낮아진 거예요. 더 큰 문제는 우리나라 20대의 48.5%가 자녀가 필요 없다고 생각하는 것으로 나타났다는 점이에요.

저출산은 미래의 경제 활동을 할 인구가 감소한다는 의미예요. 이는 국가가 성장할 수 있는 잠재력을 약화시키는 문제를 불러올 수 있지요. 과학과 의학의 발전으로 노년층 인구(고령화)는 계속 늘어 가는데, 경제 활동을 할 젊은 인구는 줄어 가고 있는 거예요.

저출산의 원인은 다양해요. 자녀 양육에 대한 경제적 부담 증가, 여성의 사회 참여 증가, 의료 기술의 발달, 결혼 연령 상승 및 미혼 인구 증가 등 사회 및 경제적 요인과 결혼과 가족에 대한 가치관 변화 등이 복합적으로 작용한 결과지요.

교육에 대한 관심이 높은 우리나라의 경우, 양육비와 교육비 부담이 출산율 저하에 영향을 주고 있어요. 여성의 경제 활동 참여율은 갈수록 증가하고 있지만, 육아를 지원하는 시설과 서비스가 부족하여 여성이 일을 하며 아이를 기르기 어려운 환경도 출산을 피하게 되는 중요한 이유랍니다. 더불어 최근에는 청년층의 취업이 어렵고, 취업을 하더라도 고용 상태가 불안정하기 때문에 결혼과 출산을 미루는 사례도 많아요.

저출산을 해결하기 위해서는 정부와 사회가 적극적으로 나서야 해요. 먼저 아이를 낳고 기르는 부모의 부담이 줄어들 수 있도록 도와주어야 해요. 또한 아이를 안심하고 키울 수 있는 시설과 환경을 마련해 주어야 하고요.

부모의 부담을 줄일 수 있는 방법에는 여러 가지가 있어요. 먼저 아이를 키우고 가르치는 데 필요한 비용(보육비·교육비)을 지원해 주는 것이에요. 또한 아이를 낳고 키우는 부모가 내는 세금을 줄여 주는 것도 도움이 되지요. 부부가 마음 편히 일하며 직장에 다닐 수 있도록 아이를 맡길 수 있는 보육 시설을 늘리는 것도 중요해요. 또한 어린 자녀를 키우는 동안 일을 쉴 수 있도록 육아 휴직을 적극 장려하는 것도 좋은 방법이랍니다.

적극적인 정책에도 출산율이 단박에 오를 수 있는 것은 아니에요. 이외에도 인구수를 늘릴 방안은 있어요. 우선 이민, 난민 등을 적극적으로 받아들이는 거예요. 한국에서 뿌리를 내리고 살고 싶어 하는 외국인들을 받아들이는 것이지요. 또한 한부모 가정 등을 적극 보호하는 것도 도움이 돼요. 프랑스의 경우에는 사실혼 관계나 미혼모들이 안전하게 자녀를 양육할 수 있는 체제를 마련해 누구나 편안히 아이를 키울 수 있는 환경을 모색했어요. 무엇보다 해외로 입양되어 나가는 아이들을 지키는 것도 필요해요. 국내 입양 제도와 조건이 무척 까다로워 우리나라의 어린 아이들이 해외로 입양 가는 경우가 많기 때문이에요.

하지만 난민 문제나 한 부모 가정 문제는 우리 사회 정서상 받아들이기 쉬운 상황이 아니에요. 여러분이 생각하는 특별한 방법이 있나요?

 맞혀 보세요!

다음에 제시된 포스터를 보고 몇 년대 출산 정책 포스터인지 맞혀 보세요.

❶ 

❷ 

❸ 

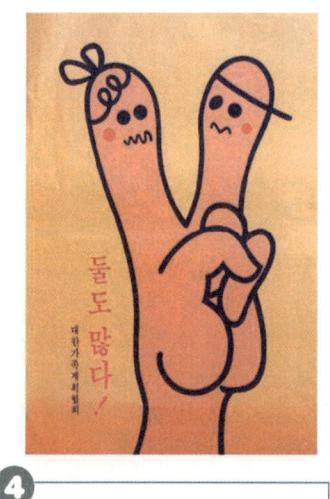

❹ 

정답: ❶ 70년대, ❷ 90년대, ❸ 60년대, ❹ 80년대

# 4장

## 대추 마을에 잔치 열렸네!

 **환갑이 청춘이라고?**

"오랜만에 마을이 북적북적거리니 정말 좋구나."

오늘은 소아 외할머니의 환갑잔치 날이었다. 원래는 외할머니를 모시고 여행을 다녀오기로 했는데, 엄마 배가 점점 풍선처럼 부풀어 오르는 바람에 여행 계획이 취소됐다. 대신 마을 회관에서 잔치를 하기로 했다.

마을 회관은 잔치 준비로 활기가 돌았다. 회관 입구에는 이모가 미리 준비한 '한순진 여사 환갑을 축하합니다.'라는 현수막이 걸렸다. 그 옆에서는 동네 할머니들이 모여 커다란 가마솥에 토종닭을 삶았다. 이모와 엄마는 회관 안에 들어가서 전과 미역국, 갈비, 잡채, 홍어무침 등

준비해 온 음식으로 상을 차렸다. 마을 회관에는 맛있는 냄새가 가득 풍겼다.

동네 어른들이 하나둘씩 뒷짐을 지며 마을 회관에 도착했다. 할아버지들은 노래방 기기를 틀어 노래를 부르며 흥을 돋우었다. 범식이 할머니는 막걸리 한잔에 기분이 좋은 듯 덩실덩실 춤을 췄다. 소아 외할머니도 기분이 좋은 듯 마을 할머니, 할아버지와 담소를 나누며 웃음꽃을 피웠다.

"아줌마, 이건 제가 할게요."

"임산부는 좀 가만히 앉아 있어. 내 나이가 칠십이 넘어도 임산부보다는 더 힘이 세다고."

엄마가 일을 거들려고 하면 마을 할머니들이 막아섰다.

"소아 어미야, 아무리 나이 먹어도 우리가 더 힘이 세고 일을 잘하니까, 저기 물러나 앉아 있어."

"그래도 젊은 저희가 해야죠."

이모가 일손을 거들었다.

"허허, 거참. 이런 건 늙은 이들이 더 잘한다니까 말을 안 듣네."

마을 할머니, 할아버지

가 모두 모여 준비하니 잔치 준비가 수월했다. 배가 불룩한 엄마는 이곳저곳 계속 돌아다니며 일을 하려고 했지만 모두가 말렸다.

아빠와 할아버지들의 신경전도 만만치 않았다. 가마솥에 넣을 땔감을 하는데 도끼질에 익숙하지 않은 아빠 모습에 할아버지들이 박장대소했다.

"이런 건 힘으로만 되는 일이 아니야."

"그럼, 노련한 기술이 필요하지."

"암. 장작 패기가 뭐 쉬운 건지 알아."

"어르신, 그래도 한참 젊은 제가 하겠습니다."

"허허. 한번 해 봐. 어디 보자고."

아빠가 기세 좋게 도끼질을 했지만 헛돌기만 했다. 반면 할아버지들은 작은 몸집에도 힘 있게 장작을 팼다.

"봤지? 나이가 전부가 아니야. 우리가 머리는 하얗게 셌지만 경험이 많아 일은 더 잘한다고."

"아무렴."

아빠는 할아버지들 사이에서 큰 웃음만 주고 도움이 되진 못했다. 소아도 옆에서 그 모습을 보며 배꼽을 잡고 웃었다.

"아빠, 어떻게 할아버지들보다 일을 못해."

"노련함이 있으니까 못 따라가지. 힘은 젊은 사람들의 장점이지만 경

힘이나 노련함은 나이 드신 분들을 못 따라가지. 이거, 딸 앞에서 망신만 당했네. 하하."

아빠가 민망한 듯 뒷머리를 긁으며 말했다.

드디어 본격적인 마을 잔치가 시작됐다.

"흠흠, 오늘 한순진 여사님의 환갑잔치에 이렇게 함께해 주셔서 모두 감사합니다. 저는 한순진 여사님의 맏사위입니다."

아빠가 마이크를 잡고 인사하자 할머니, 할아버지들이 손뼉을 쳤다. 아빠가 외할머니를 향해 감사한 마음을 담아 노래를 불렀다. 소아는 아빠가 마이크를 잡고 노래하며 춤추는 모습이 낯설면서도 재미있었다.

소아도 어깨춤이 절로 나왔다.

엄마가 이어 마이크를 잡았다.

"저희 어머니의 생신을 축하해 주시기 위해 자리해 주신 여러분들, 감사합니다. 항상 가족처럼 어머니를 챙겨 주시고 아껴 주셔서 감사합니다. 우리 대추 마을 모든 어르신, 건강하게 오래오래 사세요."

엄마가 갑자기 울먹이기 시작했다.

"쟤가 애를 가져서 눈물이 많아졌나 보다."

범식이 할머니가 울먹이는 엄마를 보며 말했다.

"미숙아, 좋은 날 왜 우냐? 여기서 환갑은 돌잔치랑 똑같아. 여기 마을에서 미숙이 너희 엄마가 젤로 어리다."

"맞네. 환갑은 이 동네서는 청춘이지. 우리 미숙 엄마는 청춘이야, 청춘!"

"그렇지. 아직은 30년은 더 너끈하지."

"미숙아, 울지 마라. 여기 마을 사람들 머리가 다 하얗게 세서 그렇지 100세까지는 끄떡없다."

"그럼그럼."

마을 할머니, 할아버지의 말에 엄마가 눈물을 멈추고 웃음을 보였다. 소아도 엄마가 눈물을 흘릴 때 찔끔 눈물이 났지만, 이내 엄마가 웃자 함께 웃었다.

엄마가 노래를 부르고 물러나자 이모가 수줍은 듯 마이크를 넘겨받았다.

'뭔가 학예회 같네?'

소아는 마을에서 하는 환갑잔치를 보는 건 처음이었다. 함께 덩실덩실 춤추고 마이크를 잡고 노래하는 것이 꼭 재롱 잔치 같은 느낌이 들었다. 다른 건 대부분 나이가 많은 노인이라는 점이었다. 회관에 모인 마을 주민들 대부분이 머리가 하얗게 센 할머니, 할아버지였다. 젊은 사람이라고는 소아네 가족 정도였다.

'나도 노래를 불러야 하나?'

소아는 이모가 마이크를 잡자 약간 긴장됐다. 아빠부터 순서대로 마이크를 잡고 인사하고 노래를 부르니, 곧 소아 차례도 올 것 같았다.

"안녕하세요. 저는 한순진 여사님의 막내딸 전미지입니다."

"막내야. 여기서 너 모르는 사람 누가 있냐? 어서 노래나 시원하게 뽑아 봐라!"

"오늘 엄마의 환갑잔치에 오신 마을 어르신들, 모두 감사합니다. 모두 건강하게 오래오래 사세요. 그럼 이 동네에서 제일 예쁜 막내딸이 노래 한 곡 뽑겠습니다. 흠흠."

이모가 목소리를 가다듬었다.

"미지야, 너는 시집이나 좀 가라."

"그래, 막내야. 속 좀 고만 썩이고 이제 남자 좀 데리고 와라. 그게 효도야."

마을 어르신들이 마이크를 잡은 이모를 보며 한마디씩 했다.

소아는 마을 어른들의 말씀에 놀라 눈이 동그래졌다. '시집'이라는 말은 이모가 제일 싫어하는 단어이자 금지어였다. 명절에 '시집'이란 이야기만 나오면 착하디 착한 이모는 순식간에 괴물로 변했다.

'설마, 할머니, 할아버지들 앞에서 변신하는 건 아니겠지?'

2년 전 명절에도 외할머니가 "너, 결혼 정말 안 할 거니?"라고 한마디 했다가 이모는 숟가락을 놓고 그대로 짐을 싸 집으로 돌아갔다. 지난해에도 외할머니가 "결혼해서 오순도순 행복하게 살면 얼마나 좋아?"라고 말했다가 분위기가 살벌해졌다. 아빠 생일에도 이모는 외할머니 잔소리에 툭툭거렸다.

평소엔 착하고 재미있는 이모지만 결혼 이야기만 나오면 무섭게 변해 버리곤 한다.

"결혼이 여자한테 얼마나 불편한 제도인지 알아? 결혼하면 챙길 것도 많지, 게다가 아이까지 낳아 봐. 아이 낳고 키우다 보면 여자는 삶이 없어. 경력도 단절되고 아무것도 할 수 없게 된다고. 대신 살림해 주고 아이 키워 줄 거 아니면 결혼해라, 아이 낳아라, 말도 하지 마!"

소아는 하도 들어서 이모를 대신해서 말할 수 있을 정도였다. 소아가 불안한 표정으로 이모를 바라봤다. 흥겨운 환갑잔치가 갑자기 싸늘하게 변할 것 같았다.

'이모, 참아. 참을 수 있어.'

소아가 마른침을 삼키며 이모에게 눈짓을 보냈다.

"아니, 왜 쓸데없는 말들을 해서."

외할머니가 낮게 한숨을 내쉬고는 질끈 눈을 감고 고개를 절레절레 흔들었다. 외할머니도 막내딸이 괴물로 변할까 봐 불안하긴 마찬가지였나 보다.

  소아의 와글와글 인구 팁

### 환갑잔치는 왜 할까?

환갑(還甲)은 만 60세 생일을 축하하는 한국의 전통 문화예요. 회갑(回甲)이라고도 하죠. 과거에는 평균 수명이 짧았기 때문에 환갑잔치는 의미하는 바가 컸어요. '환갑잔치를 했다.'는 건 장수(長壽)를 의미하는 것이라 중요하게 여겼죠. 오늘날에는 평균 수명이 늘어 환갑에 대한 의미도 달라졌어요. 예전에는 환갑을 노인의 기준점으로 보았지만 지금은 60대 후반이 돼야 노인으로 생각한답니다. 그래서 환갑잔치는 간단히 넘어가고, 70세 때 하는 '칠순 잔치'를 성대하게 열기도 해요.

### 가족의 탄생

　마을 어르신들의 장난스러운 타박에 이모가 잠시 숨을 고르며 마이크를 내렸다. 그런데 웬걸? 이모는 다시 웃으며 마이크를 잡았다.
　"사실은 오늘 엄마의 환갑을 축하하며 이 막둥이가 특별한 선물을 준비했습니다."
　예상 외로 이모가 얌전히 말하자 외할머니가 두 눈을 크게 떴다.
　"드디어 막내가 결혼하게 됐습니다. 원래는 이따가 소개해 드릴 계획이었는데, 마침 저기 막내 예비 사위가 도착했네요. 오남 씨 이쪽으로 오세요."
　마을 회관에 모인 모든 사람의 시선이 출입문으로 향했다. 어색하게 정장을 빼입고 선물과 꽃다발을 들고 온 한 남자가 머뭇거리며 입구에 서 있었다. 자신에게 쏠린 시선에 수줍어하던 남자는 이모 말에 천천히 걸어 나와 이모 옆에 섰다.
　"일 마치고 오느라 늦었습니다. 어머님, 생신 축하드립니다. 오래오래 행복하게 사세요. 미지 씨와 함께 좋은 모습 보여 드리겠습니다."
　이모 남자 친구의 등장에 외할머니가 입을 벌린 채 이모를 바라봤다. 외할머니뿐만이 아니었다. 소아와 소아의 아빠 그리고 엄마까지 얼음이 된 듯 아무 말도 하지 못했다.

　마을 할머니, 할아버지들 사이에서 박수가 쏟아져 나왔다. 모두가 마치 자기 일인 양 기분 좋아서 벌떡 일어나 손뼉을 치고 덩실덩실 어깨춤을 추었다.
　"우리 미숙 엄마가 드디어 근심을 덜었네."
　"맞네. 막내가 최고의 환갑 선물을 가지고 왔구먼."
　"아이고, 저 키 크고 근사한 것 좀 보게. 둘이 똑 닮은 게 잘 살겠네."
　"정말 경사네요. 이 기분을 살려서 제가 노래 한 곡 부르겠습니다."
　모두가 박수를 치자 마을 이장님이 앞으로 나섰다. 노래방 기기에서

4장 대추 마을에 잔치 열렸네!

노래를 고른 뒤 이모에게서 마이크를 넘겨받았다.

소아 외할머니도 다급하게 일어나 이모와 남자친구에게로 향했다.

외할머니가 감격스러운 듯 이모 남자 친구의 손을 꼭 잡았다.

"먼 길 오느라 고생했어요. 여기 음식 좀 들어요. 촌이라 준비한 게 별로 없는데. 사양하지 말고 편하게 앉아요."

마을 회관은 이미 할머니의 환갑잔치 분위기가 아니었다.

막걸리에 취한 할머니, 할아버지가 어깨춤을 추며 번갈아 노래를 불렀다. 소아는 뭐가 뭔지 정신없는 가운데 예비 이모부와 이모를 빤히 바라봤다.

"이모, 어떻게 된 거예요? 아무 말도 없었잖아요? 엄마는 알고 있었어요?"

"아니, 남자 친구가 생겼다는 것만 알았지. 결혼은 몰랐어. 미지 넌 저번에는 마음을 아직 못 정했다더니."

엄마가 이모를 잠시 흘겨보더니 웃음을 보였다.

"내가 매제랑 술 한잔 기울이는 게 소원이었는데, 드디어 소원을 이루네요."

아빠가 능청스럽게 말하자 예비 이모부가 웃음을 보였다.

"이 양반이 또 술타령을!"

엄마는 아빠를 구박한 후 다시 예비 이모부를 바라봤다. 이 자리가 어색한 듯 무척이나 불편해 보였지만, 밝게 웃는 모습만 봐도 좋은 사람이라는 걸 알 수 있었다.

"엄마는 내가 시집가는 게 그렇게 좋아?"

예비 이모부 옆에 함박웃음을 지으며 음식을 챙기는 외할머니를 보며 이모가 장난스럽게 물었다.

"좋지, 그럼. 혼자 평생 살 줄 알았는데, 안 좋냐? 내가 오늘 죽어도 여한이 없다."

외할머니 눈가가 촉촉해졌다.

"할머니."

"엄마!"

"장모님!"

가족들이 함께 소리 지르자, 외할머니가 환하게 웃음을 지었다.

"소아 동생도 봐야 하고, 미지 결혼식도 봐야지. 할 게 얼마나 많은데 왜 죽어? 그만큼 좋단 얘기지. 오늘이 내 생일이 맞구나!"

외할머니가 어깨춤을 덩실덩실 추며 무대 쪽으로 나갔다. 소아네 가족들은 그 모습을 보며 웃었다.

"진짜 우리 할머니가 제일 청춘이네."

다른 할아버지 말이 맞았다. 마을 할머니, 할아버지 사이에서 기분이 좋아 춤추는 외할머니 모습은 가장 젊어 보였다.

##  시골로 가는 젊은 부부

외할머니의 환갑잔치가 끝난 후 예비 이모부가 소아네로 인사를 하러 왔다. 임산부인 엄마를 위해 포도와 참외 등 과일 상자를 잔뜩 가지고 왔다.

"우리 이모 어디가 좋아요?"

소아가 예비 이모부를 보며 물었다.

"소아야, 이모의 미모를 봐라. 안 좋은 부분이 어디 있겠니?"

이모가 참외를 포크로 찍어 먹으며 당당하게 말했다. 그 모습에 엄마가 코웃음을 쳤다.

"풉, 나도 궁금하네, 우리 미지가 결혼 말만 나와도 경기를 일으키던 앤데 어떻게 설득했어요?"

엄마의 말에 소아도 고개를 끄덕였다.

"나도 이모는 절대 결혼 안 할 줄 알았어요."

소아 말에 모두가 웃었다.

"저도 사실 비혼주의자였습니다. 하지만 미지 씨가 생각하는 삶의 지향성이나 가치관이 저랑 비슷해서 결혼 생각이 절로 들더라고요."

예비 이모부가 이모에게 눈을 맞추며 말했다.

"그런데 이모는 나한테도 절대 결혼하지 말라고 했잖아요. 결혼은 여자한테 너무 불편한 제도라고."

소아의 말에 이모가 먹던 과일이 목에 걸린 듯 컥컥거렸다. 예비 이모부가 재빨리 이모에게 물을 건네주었다.

"소아야, 이모가 언제 '절대'라고 했니?"

이모가 소아 엄마의 눈치를 보며 말했다.

"너, 애한테 그런 이야기나 하고 아주 잘한다."

"사실이지, 뭐. 언니도 결혼하고 소아 낳고 경력 단절 됐잖아. 그리고 힘들게 일하게 됐는데, 다시 둘째 때문에 그만둘까 생각하잖아."

"그거야, 아이들 맡길 곳이 마땅치 않아서 고민한 거지. 이번엔 퇴사 안 하고 육아 휴직을 길게 낼 계획이야."

"언니, 나는 내 일이 좋아. 동화 쓰고 사는 삶이 행복해. 결혼하기로 했지만, 결혼 생활 때문에 혹은 아이 때문에 일을 못 하게 된다면 불행할 것 같아."

"걱정하지 마요. 절대로 그런 일은 없을 거예요."

예비 이모부가 이모의 손을 살포시 잡아 주었다.

"오남 씨가 아니었으면 결혼은 생각도 안 했을 거야. 오남 씨가 직장을 그만두고 프리랜서로 전향해 함께하는 삶을 이야기했어. 이런 사람이라면 믿고 결혼할 수 있겠다 생각한 거지. 아이 문제는 아직도 고민 중이야."

"넌 참 생각도 많다."

엄마는 끌끌 혀를 차면서도 이모를 이해한다는 듯 이모 앞으로 과일을 더 놓아 주었다.

"이모, 그럼 결혼하면 어디서 살아요? 일산 집에서?"

소아는 내심 이모가 소아네 근처로 이사 왔으면 좋겠다고 생각했다. 이모는 소아에게 친구 같았기 때문이다.

"아니. 이모는 할머니가 있는 시골에 내려가서 살려고."

"할머니네? 정말 좋겠다!"

소아는 이모가 부러웠다. 외할머니가 해 주시는 맛있는 음식을 자주 먹을 수 있고, 나무 냄새, 흙냄새를 마음껏 마실 수 있는 외할머니 집이 정말 좋았기 때문이다.

"좋긴 뭐가 좋니? 너 일은 어떻게 하려고? 제부도 괜찮아요?"

엄마가 정색하고 말했다.

"나야 작가니 출퇴근할 필요가 없고, 오남 씨도 프리랜서로 일하게 되면 일주일에 두 번 정도만 출근하면 되니까."

"잘 상의한 거죠?"

아빠의 물음에 예비 이모부가 웃으며 고개를 끄덕였다.

"둘 다 사람 많은 도시를 좋아하지 않는데, 수도권에 살며 비싼 주거 비용을 지불하고 사는 건 의미가 없다고 생각했어요. 아무도 없는 시골도 힘들고요. 다행히 어머니가 사시는 곳은 교통도 괜찮아서 결정하게 됐어요. 어머니 집 근처에 저렴하고 깨끗한 집을 알아보고 있어요."

"시골이니 빈집이 천지겠죠. 그래도 가면 고생할 텐데."

엄마가 걱정스러운 듯 말했다.

"근처 살면 좋을 텐데. 가끔 만나서 술 한잔하고."

엄마와 아빠가 못내 아쉽다는 듯 말했다.

"기차 타면 서울역까지 한 시간도 안 걸리더라. 사람 많고 집값도 비싸고. 우린 도시랑은 안 맞아."

"난 완전 찬성이에요! 할머니네 가면 이모네도 한 번에 갈 수 있는 거잖아."

 **소아의 와글와글 인구 팁**

## 시골로 돌아가는 사람들

통계상 귀농어·귀촌 가구 수는 줄고 있지만 30대 이하의 청년층이 귀촌의 흐름을 주도하고 베이비부머(우리나라에서는 전후(戰後) 세대, 특히 1955년에서 1963년 사이에 태어난 사람들)들의 은퇴 영향 등으로 60대 귀농 가구의 비중은 증가 세예요. 특히 가구주가 먼저 농어촌으로 이주 후에 가족 구성원과 합류하는 나홀로 귀농어 현상이 두드러지면서 신중한 귀농의 경향을 보이고 있어요.

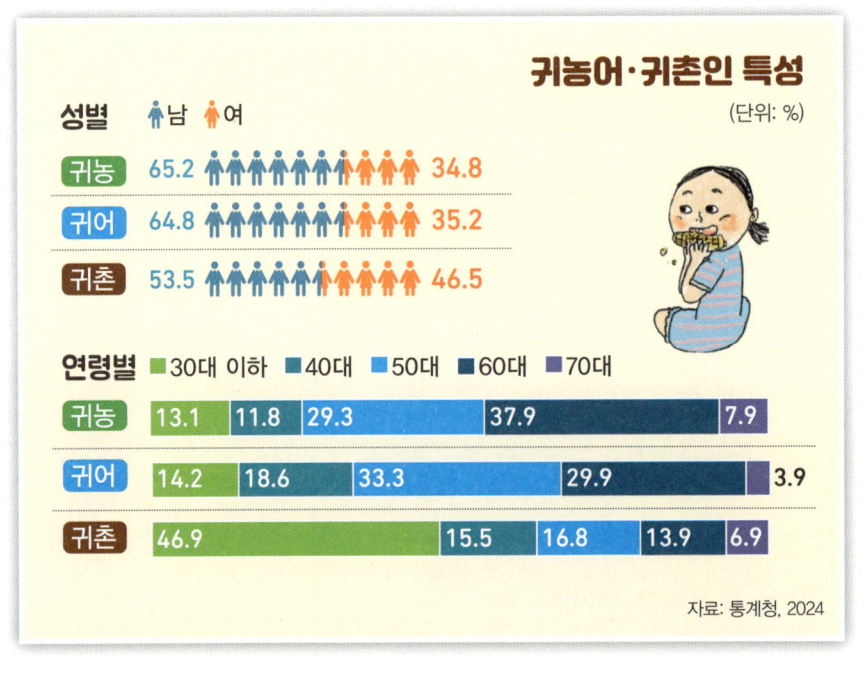

**귀농어·귀촌인 특성** (단위: %)

성별 남 여
- 귀농: 65.2 / 34.8
- 귀어: 64.8 / 35.2
- 귀촌: 53.5 / 46.5

연령별: 30대 이하 / 40대 / 50대 / 60대 / 70대
- 귀농: 13.1 / 11.8 / 29.3 / 37.9 / 7.9
- 귀어: 14.2 / 18.6 / 33.3 / 29.9 / 3.9
- 귀촌: 46.9 / 15.5 / 16.8 / 13.9 / 6.9

자료: 통계청, 2024

소아가 곰곰이 생각하며 말했다. 외할머니네 자주 내려가고 싶은데 가려는 이유가 하나 더 생긴 것 같아 좋았다.

"엄마한테는 말씀 드렸어?"

"응. 그때 잔칫날 말씀드렸지. 이장님이 마땅한 집을 알아봐 주신다고 약속하셨어."

"그렇구나. 결혼 발표도 그렇고 행동 하나는 진짜 빠르네."

##  이모의 결혼식

이모의 결혼식 날.

소아는 예쁜 분홍색 원피스를 차려입고는 사람들을 맞았다. 만삭인 엄마도 바쁘게 사람들을 맞이하며 인사했다. 이모는 새하얀 웨딩드레스를 입고 곱게 화장했다.

"이모, 완전 딴사람 같아요. 천사처럼 예뻐."

이모는 소아의 말에 환한 웃음을 보였다.

대추 마을 이웃들도 모두 예식장을 찾아 축하해 줬다. 이모와 이모부는 함께 손을 잡고 입장했다. 소아는 두 사람이 당당하게 걷는 모습이 근사해 보였다.

"엄마, 이모는 정말 아이를 낳지 않을까요?"

엄마가 소아의 질문에 피식 웃음을 보였다.

"너희 이모가 아이를 얼마나 좋아하는 줄 아니? 너 어렸을 때 네가 울면 따라 울고 네가 웃으면 따라 웃고, 지극정성이었어."

첫 영화 구경도 이모와 함께였고, 처음 놀이동산을 갈 때도 이모와 함께였다. 이모는 툭툭거리며 장난을 자주 쳤지만, 조카인 소아를 누구보다 사랑하고 아꼈다.

"소아 생각은 어때?"

"나를 이렇게 예뻐하는 이몬데, 이모 아기가 생기면 얼마나 좋아할지 상상이 돼요. 그리고 난 동생이 많을수록 좋고요."

소아와 엄마가 미소를 지으며 웨딩드레스를 입은 이모를 바라봤다.

## 인구 고령화, 뭐가 문제일까?

### 인구 고령화란?
인구 고령화란 전체 인구에서 차지하는 고령자 비율이 높아지는 것을 말해요. 그리고 고령화율이란 65세 이상의 고령자 인구(노령 인구)가 총 인구에서 차지하는 비율로 나타내는 것이 일반적이지요. 국제 연합은 65세 이상의 인구가 4% 미만인 사회를 '연소 인구 사회', 4%에서 7% 미만의 사회를 '성숙 인구 사회', 7%를 넘는 사회를 '고령화(aging) 사회', 14%를 넘는 사회를 '고령(aged) 사회'라고 분류했어요. 고령 사회에서 더욱 고령화가 진행된 사회를 초고령 사회라고 부르기도 해요.

### 세계 1위 고령 사회는?
세계 1위의 초고령화 사회는 바로 일본이에요. 2025년 일본의 65세 이상 노인 인구 비율은 30%로 상승할 전망이에요. 인구 10명 중 3명이 노인이 되는 것이죠.

### 한국의 고령화 정도는?
한국은 2000년 고령화 사회에 진입한 지 17년 만인 2017년에 고령 사회로 들어섰지요. 통계청은 2025년 이후 우리나라가 65세 이상 인구 비율이 20%를 넘어서며 초고령 사회에 진입했다고 보고 있습니다.

### 피할 수 없는 인구 고령화

선진국을 중심으로 고령 인구의 비중이 높아지면서 고령화·고령·초고령 사회로 진입하고 있어요. 이는 저출산 현상과 맞물려 있어요. 사람이 오래 사는 것은 축복이지만 국가나 사회적으로는 부담이 될 수 있다는 게 현실이에요. 생산보다 소비가 많은 노인 인구의 증가로 저축과 투자가 줄어들고, 노동력이 부족하게 되기 때문이죠. 지급해야 할 연금이 늘어 국가 재정에 부담을 주며, 노인 빈곤과 질병 및 소외 등 많은 문제가 발생하기도 한답니다.

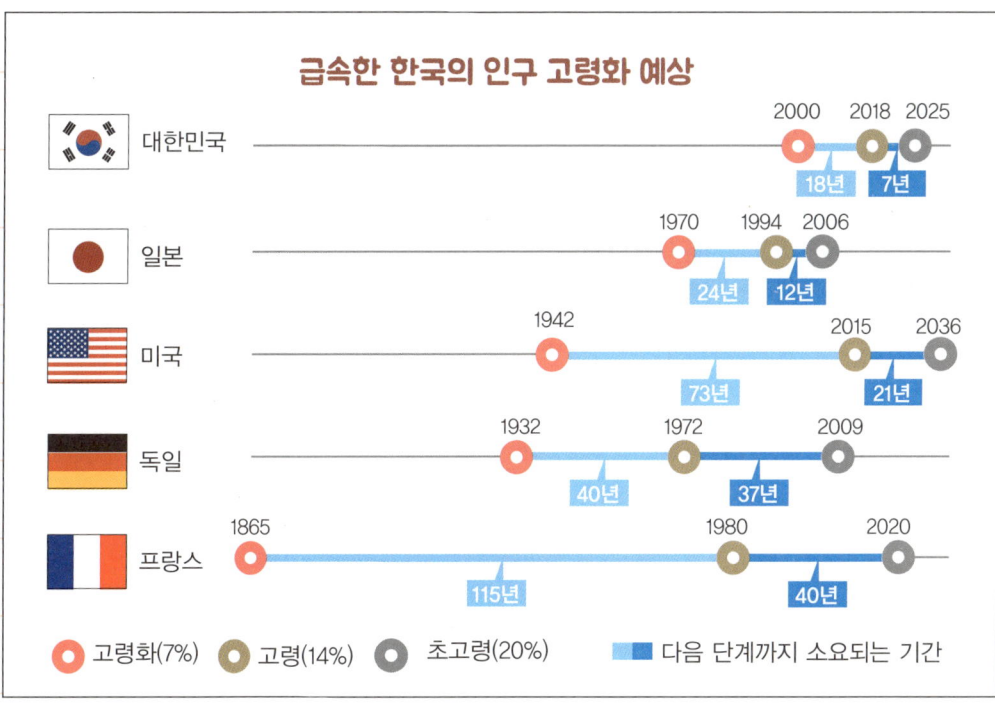

급속한 한국의 인구 고령화 예상

**토론왕 되기!**

## 노인들이 계속 일하게 되면, 청년들은 일자리를 잃게 될까?

한국은 2017년에 고령 사회로 들어섰어요. 통계청은 장래 인구 추계에서 2025년 초고령 사회가 될 것으로 내다봤어요. 고령 사회가 더는 피할 수 없는 중요한 문제가 된 것이죠. '100세 시대'라 불릴 정도로 기대 수명이 늘어나며 노년층 역시 '정년 이후의 삶'에 대한 고민이 많아요.

고령화 사회를 대비하여 평생 교육, 재취업 기회 확대, 정년 연장 등을 통해 노인들의 경제적 기반을 마련해 주어야 한다는 목소리가 높아지고 있어요. 더불어 건강하고 안정적인 노후 생활 보장을 위한 노인 복지 정책이나 노인 편의 시설과 실버 산업 확대 등 고령화 사회에 삶의 질을 향상할 수 있는 사회 환경을 마련하는 것 역시 필요하지요.

현재 우리나라는 최악의 청년 실업 시대를 겪고 있어요. 경기 침체에 '코로나19' 사태까지 겹치면서 청년 고용률이 역대 최저 수준을 기록했지요. 우리나라 전체 실업자 가운데 20대 후반이 차지하는 비중이 세계 최고 수준이라고 해요. 경제 협력 개발 기구(OECD)에 따르면 2023년 한국 15~64세 실업자 수는 94만 4000명이고 이 중 25~29세 실업자가 차지하는 비중은 20.3%로 OECD 38개 회원국 가운데 가장 높아요.

반면에 한국의 노인 취업률은 최상위이지요. 한정된 자원을 노인 복지에만 쓰면서 청년을 외면하는 것은 아니냐는 의견이 나오는 이유예요.

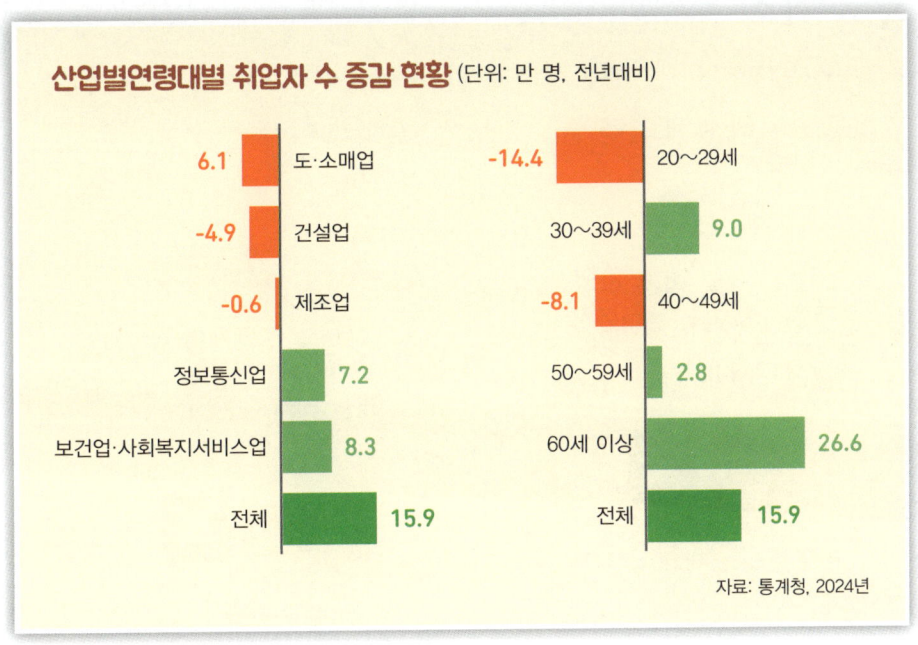

하지만 이것은 사실이 아니에요. 어떤 나라에서는 노인 고용률이 증가한 만큼 젊은 이들의 고용률도 증가했다는 조사 결과도 있어요. 즉 한쪽이 높으면 한쪽이 낮아지는 관계가 아닌, 한쪽이 높아지면 다른 한쪽도 같이 높아지는 상호 보완적인 관계도 가능하다는 걸 의미해요.

OECD 25개 회원국을 분석한 결과 55세에서 65세 고용률이 1% 증가할 경우 청년층 고용률도 0.3% 증가했다고 해요. 젊은 층과 노인의 일자리 싸움이 아닌, 국가의 경제가 성장하면 양쪽 모두의 고용이 늘어날 가능성이 커요.

현재 우리나라는 복지 제도가 부족하기 때문에 노인 빈곤층이 생기지 않도록 일자리를 마련하며 자립할 수 있는 기회를 주어야 한다는 의견이 높은 편이랍니다.

비교적 젊은 노인층도 계속 일할 수 있고, 청년층도 일자리 걱정을 하지 않는 세상을 만들기 위해서는 어떤 정책이 필요할까요?

## O, X 퀴즈

인구 문제에 대한 다음 설명을 읽고, 맞는 내용은 O, 틀린 내용은 X로 표시해 보세요.

**1** 노인층이 계속 일을 하면 청년층 일자리가 줄어들기 때문에 문제이다.

**2** 인구 감소 문제를 해결하려면 무조건 아이를 많이 낳아야 한다.

**3** 수도권에만 인구가 몰리지 않도록 지방에도 편의 시설, 관공서, 기업 등을 분산 배치할 필요가 있다.

**4** OECD 국가 중에서 우리나라 청년층 실업자 비율은 매우 높은 편이다.

**5** 지금은 이촌향도 현상이 완전히 사라졌다.

**6** 노인은 일하지 말고 무조건 복지 혜택을 누릴 수 있도록 나라에서 정책을 세워야 한다.

정답: ①X, ②X, ③O, ④O, ⑤X, ⑥X

**가구** 집안 식구. 주거와 생계를 같이하는 사람의 집단을 말해요.

**경력 단절** 근무 역량은 있으나 출산이나 육아 등의 사유로 직장을 그만둔 것을 말해요. 요즘은 '경력 중단'이라고 말하기도 해요.

**물가** 물건의 값, 상품이나 서비스의 가치를 종합적이고 평균적으로 본 개념이에요.

**비혼주의자** 결혼은 필수가 아니라, 선택이라고 생각하는 이들을 일컫는 말이에요. 미혼은 혼인 상태가 아님을 뜻하지만, 비혼은 혼인할 의지가 없음을 뜻하는 용어랍니다.

**육아 휴직** 자녀 양육을 위해 만 8세 이하 또는 초등학교 2학년 이하의 자녀가 있는 근로자가 유급으로 최대 1년 동안 휴직할 수 있는 제도예요. '남녀 고용 평등과 일 가정 양립 지원에 관한 법률'에 정해졌지요. 육아 휴직은 엄마뿐만 아니라 아빠도 받을 수 있어요.

**인구 밀집** 일정한 지역에 사는 사람들의 수가 많이 있는 것을 말해요.

**통근 시간** 집에서 직장까지 근무하러 다니는 데 걸리는 시간을 말해요. 도심 지역으로 일자리가 모여 있는 관계로 외곽 지역에 집을 얻고 출퇴근하는 경우가 점점 심해지고 있어요.

**편의 시설** 다양한 사람들이 건축물, 교통수단, 도로, 정보 통신망 등에 편리하고 안전하게 접근하고 이용할 수 있는 시설이에요.

**취업난** 여러 회사를 돌아다니며 자신에게 맞는 직장을 찾는 사람들을 가리키는 것을 취업이라고 하는데, 이것이 점점 어렵고 힘들어지는 것을 취업난이라고 해요.

## 인구 관련 사이트

### 보건 복지부 mohw.go.kr
보건 위생과 방역, 보건 산업, 건강 보험, 기초 생활 보장, 자활 지원, 사회 보장 및 사회 서비스 정책, 저출산·고령화에 대처하는 인구 정책, 영유아 및 아동 보육, 노인 및 장애인 보건 복지 등 국민 보건과 사회 복지 증진에 관한 사무를 맡아 하는 기관이에요.

### 통계 지리 정보 서비스 sgis.kostat.go.kr
통계청 산하의 기관으로, 인구와 가구, 주거와 교통, 노동과 경제 등 우리나라의 전반적인 통계 수치를 관리하는 곳이에요. 지역별, 주제별로 인구의 분포 내용을 살펴볼 수 있답니다.

### 인구 보건 복지 협회 www.ppfk.or.kr
인구 변화 대응과 출산 양육하기 좋은 환경 조성을 위한 다양한 홍보 교육을 하고 있어요. 저출산은 단순히 개인의 문제가 아니기 때문에 국가나 사회에서 어떤 역할을 해야 하는지 고민하는 단체이지요.

### 저출산 고령 사회 위원회 www.betterfuture.go.kr
저출산과 여성 일자리, 고령 사회 문제를 해결하기 위해 만든 대통령 직속 기관이에요. 인구 문제를 해결하기 위해 다양한 정책을 연구하고 실행하고 있답니다.

## 신나는 토론을 위한 맞춤 가이드

소아와 함께 우리나라 인구 문제에 대해 함께 고민하는 시간을 가졌나요? 이제는 다양한 자료와 함께 국제적인 인구 문제에 대해 공부하고 토론해 볼까 해요. 이제 마지막 단계인 토론을 잘하려면 올바른 지식과 다양한 정보가 뒷받침되어야 해요. 책을 다 읽고 친구 또는 부모님과 신나게 토론해 봐요!

### 잠깐! 토론과 토의는 뭐가 다르지?

토론과 토의는 모두 어떤 문제를 해결하기 위해 의견을 나누는 일입니다. 하지만 주제와 형식이 조금씩 달라요. 토의는 여러 사람의 다양한 의견을 한데 모아 협동하는 일이, 토론은 논리적인 근거로 상대방을 설득하는 일이 중요합니다. 토의는 누군가를 설득하거나 이겨야 하는 것이 아니기 때문에 서로 협력해서 생각의 폭을 넓히고 좋은 결정을 내릴 때 필요해요. 반면 토론은 한 문제를 놓고 찬성과 반대로 나뉘어 서로 대립하는 과정을 거치지요. 넓은 의미에서 토론은 토의까지 포함하는 경우가 많습니다. 토론과 토의 모두 논리적으로 생각 체계를 세우고, 사고력과 창의성을 높이는 데 도움을 준답니다.

### 토론의 올바른 자세

**말하는 사람**
1. 자신의 말이 잘 전달되도록 또박또박 말해요.
2. 바닥이나 책상을 보지 말고 앞을 보고 말해요.
3. 상대방이 자신의 주장과 달라도 존중해 주어요.
4. 주어진 시간에만 말을 해요.
5. 할 말을 미리 간단히 적어 두면 좋아요.

**듣는 사람**
1. 상대방에게 집중하면서 어떤 말을 하는지 열심히 들어요.
2. 비스듬히 앉지 말고 단정한 자세를 해요.
3. 상대방이 말하는 중간에 끼어들지 않아요.
4. 다른 사람과 떠들거나 딴짓을 하지 않아요.
5. 상대방의 말을 적으며 자기 생각과 비교해 봐요.

## 체계적으로 생각하기

## 인구와 지구 환경 문제는 어떤 관계가 있을까요?

세계 인구가 2030년에는 85억 명, 2050년에는 100억 명에 이를 것으로 전망하고 있어요. 하지만 지구는 100억 명의 인구를 수용하기 힘들 거라는 예견이 많아요. 물과 식량 부족, 더불어 공장 가동으로 발생하는 온실가스로 인한 환경 오염도 인류의 미래를 위협하고 있죠. 다음 글을 읽고 이 문제에 대해 함께 생각해 보아요.

---

인구가 늘면 쓰레기 매립지가 늘어나고, 지구 온난화, 산림 훼손, 미세 먼지 발생 등 환경 문제가 심각해져요. 미국 기상 학회는 2017년 전 세계의 온실가스 배출량이 최고 수준을 기록했다고 분석했어요. 어떤 전문가는 전 세계 인구를 15~20억 명 수준으로 낮춰야 한다는 주장을 하기도 해요. 그래야 지구가 살 수 있다고요.

자연 파괴의 주범은 물론 인간이에요. 하지만 모든 인간이 자연을 파괴하는 것일까요? 지구가 몇 개나 되는 듯 자원을 소비하는 사람과 자연 속에서 살아가는 원시 부족들이 모두 지구 환경의 파괴범이라고 말할 수는 없을 거예요.

2018년 온실가스 매출량은 약 280억 t이에요. 전체 온실가스 중 75%를 전 세계 인구의 20%를 차지하는 선진국, 부유한 나라에서 배출하지요. 2012년 기준 호주가 26.4tCO2eq(온실가스 배출량 단위), 미국이 19.6tCO2eq의 온실가스를 배출했어요. 우리나라는 2010년 이후부터 13tCO2eq을 넘기고 있어요.

중국과 인구수가 5천만 명밖에 차이 나지 않는 인도는 어떨까요? 인도의 온실가스 배출량은 2012년까지 5년간 2.5tCO2eq 안팎에 머물렀어요. 2014년에는 1.6tCO2eq으로 줄어들기까지 했지요. 우리나라보다 훨씬 적게 배출하고 있는 거예요.

지구 환경을 보호하는 측면에서 폭발적으로 증가하는 인구도 큰 문제이지만, 일부 부유한 나라의 이익 때문에 지구 대다수의 삶과 생존터가 위협받고 있는 것 역시 큰 문제예요.

1. 글에서 인구 증가 자체가 환경 문제를 발생시키는 게 아니라고 주장하는 이유는 무엇일까요?

2. 최근 우리나라는 출생률이 저조하여 인구가 점차 줄고 있는 상황이에요. 그렇다면 지구 환경을 위해 환영할 만한 일일까요?

## 논리적으로 말하기 1
## 수도권 인구 집중 현상, 어떻게 막을 수 있을까요?

사람들은 왜 수도권에 모여 살기를 원할까요? 지방에 사는 게 그렇게 불편한 일일까요? 다음 글을 읽고 질문에 답해 보세요.

**최근 20년간 수도권 인구 이동과 향후 인구 전망**

- 수도권 순 이동은 2011년 최초로 순 유출된 이후 2017년 다시 순 유입으로 전환되면서 순 유입 규모 점차 증가
- 10대와 20대 지속적으로 순 유입, 40대 이상은 2008년부터 순 유출
- 수도권 이동자 중 1인 이동 비중은 지속적으로 증가, 가장 큰 비중 차지
- 수도권 1인 이동은 지속적으로 순 유입, 20대의 순 유입이 가장 커
- 순 유입은 직업, 교육, 주택 사유 순
- 순 유출은 가족, 자연환경 사유 순
- 제주로는 2010년부터 순 유출, 세종으로는 도시 출범(2012) 이후 계속 순 유입
- 최근 20년간 영남과 호남권에서 순 유입, 2008년부터 중부권으로 순 유출
- 비수도권 시·구에서 수도권으로 2014~2015년 제외하고 지속적으로 순 유입
- 수도권 내에서는 경기로의 순 유입, 비수도권에서는 서울로의 순 유입이 커
- 서울은 수도권 내에서 모든 연령층 계속 순 유출, 비수도권에서는 10~20대 계속 순 유입
- 2020년 수도권 인구가 비수도권 인구를 처음으로 추월
- 중부권은 2037년을 정점으로 인구 감소, 영남권과 호남권은 계속 감소

수도권으로 순 이동은 서울이 가장 많다. 전입 사유는 직업(2019년 6만 4천 명) 때문이 가장 많고, 교육(2019년 2만 1천 명)이 그다음이다. 1인 이동이 많다는 것도 특징이다. 영호남에 살던 10·20대가 학교나 직업 때문에 수도권으로 이동하는 사례가 많다는 뜻이다. 그럼에도 서울은 사람이 빠져나가고 있다. 최근 20년간 순 유출이 지속되고 있다. 이들은 대부분 경기도로 빠져나간다. 2019년 서울에서 9만 6천 명, 인천에서 4천 명이 경기도로 이동했다.

자료: 통계청

1. 영남권과 호남권에서 수도권으로 이동하는 사례가 많다는 결과가 나옵니다. 영남권 호남권의 인구 유출을 줄이기 위해 할 수 있는 일에는 무엇이 있을까요?

2. 수도권으로 순 이동은 서울이 가장 많습니다. 그 이유는 무엇일까요?

3. 서울을 빠져나가 경기 지역으로 이동하는 사례가 많습니다. 그 이유가 무엇일까요?

## 논리적으로 말하기 2

## 일자리 정책은 인구 증감과 어떤 관련이 있을까요?

노년층 일자리는 늘어난 반면, 청년층 일자리는 크게 줄어들었습니다. 또한 여성들의 사회 생활도 늘고 있는 추세입니다. 과연 이러한 수치는 무엇을 나타내는 것일까요? 다음 글을 읽고 친구들과 의견을 주고받아 보세요.

통계청이 발표한 '2018년 일자리 행정 통계 결과'에 따르면, 2018년 일자리는 2천 342만 개로 전해보다 26만 개 늘었다고 해요.

일자리가 가장 많이 줄어든 연령대는 30대로 1년 전보다 8만 개 줄어든 517만 개로 집계되었지요. 40대 일자리는 5만 개 줄어든 606만 개였고요. 경제의 허리라고 불리는 30~40대 일자리가 크게 줄어든 거예요. 또 19세 이하에서도 신규 채용을 중심으로 한 일자리가 3만 개 감소하면서 19만 개로 집계됐어요. 반면에 60세 이상의 일자리는 가장 많이 늘었답니다.

60세 이상 일자리는 323만 개로 1년 전보다 25만 개 이상 늘어났어요. 50대는 14만 개 늘어난 545만 개, 20대는 2만 개 늘어난 332만 개였고요. 통계로 보자면 전체 일자리 수는 전년보다 26만 개 증가했지만, 대부분 50대 이상의 장년층과 노년층의 일자리였지요.

여성 일자리도 늘었어요. 늘어난 일자리 26만 개 중에 여성 일자리가 24만 개 이상을 차지했거든요. 여성 신규 채용 일자리는 14만 개 증가했고, 오히려 남자는 9만 개 감소했지요.

이 통계는 무엇을 의미할까요?

통계청은 제조업과 건설업이 부진하여 남자 신규 채용 일자리가 줄었다고 설명하고 있어요. 그래도 전체적으로는 여전히 남성의 일자리 점유율이 58%로 여성보다 높았지요. 특히 대기업의 남성 일자리 수는 236만 개로 전체의 64%를 차지했답니다. 여성의 두 배 수준이죠.

1. 노년층의 일자리가 늘어났습니다. 노년층의 일자리가 점점 늘어나는 원인은 무엇일까요?

2. 여성들의 일자리가 꾸준히 늘고 있습니다. 출산율이 낮아지는 상황에서 일하는 여성들이 안심하며 출산할 수 있는 방법에는 무엇이 있을지 생각해 봅시다.

## 창의력 키우기
### 인구 문제 해결사는 바로 나!

전 세계 곳곳에는 인구 문제로 인해 골머리를 썩고 있는 나라가 많습니다. 어느 나라는 태어나는 아이들이 너무 많아 문제고, 또 어느 나라는 아이가 너무 없어 문제입니다. 또 어떤 나라는 노령화가 심각하고요. 여러분이 인구 문제 해결가라면 어떤 해답을 내놓을 수 있을지 자유롭게 적어 보세요.

## 예시 답안

### 인구와 지구 환경 문제는 어떤 관계가 있을까요?

1. 인구가 증가함에 따라 지구 온실가스 배출량이 최고 수준으로 기록된다고 한다. 그래서 인구를 지금의 1/4로 줄여야 한다는 주장도 나온다. 하지만 모든 인간이 지구 환경 파괴의 주범이 되는 것이 아니다. 문명 세계와의 접촉을 거부하고 살아가는 원시 부족 등 산업화와 관련 없이 살아가는 사람도 많기 때문이다.
2. 지구 환경 파괴에 영향을 미치는 것은 사람 수 자체가 아니라 제조와 성장 중심의 개발을 정책으로 펼치고 있는 나라들 때문이다. 인도의 경우 인구가 중국에 버금갈 만큼 증가하고 있지만, 1인당 온실가스 배출량은 우리나라의 10%밖에 되지 않는다. 소수의 이익 때문에 지구 대다수의 삶과 생존터가 희생된다는 걸 생각하면, 국가와 기업이 환경 보호에 관심을 가져야 한다고 생각한다.

### 수도권 인구 집중 현상, 어떻게 막을 수 있을까요?

1. 산업 시설을 분산시키고 각종 문화 교육 시설을 갖추는 것이 필요하다.
2. 전입 사유를 보면 직업 때문인 경우가 압도적으로 많고, 교육 때문에 이동한다는 의견이 그다음이다. 아무래도 서울에 일자리가 많고, 교육 환경이 집중적으로 갖추어져 있기 때문이다.
3. 서울은 전국에서 가장 집값이 비싸다. 직장은 서울에 얻었더라도 집값 때문에 서울을 빠져나가 출퇴근이 가능한 경기 지역으로 집을 얻는 것이다. 특히 10대와 20대의 경우가 학교와 직장 때문에 서울로 이동했다가 결혼이나 내 집 마련의 이유로 경기도로 이동한다고 볼 수 있다.

### 일자리 정책은 인구 증감과 어떤 관련이 있을까요?

1. 노인 복지 차원에서 정부가 사회적 일자리 창출 사업 등을 벌였기 때문이다.
2. 육아 휴직 제도를 마음 편하게 쓸 수 있는 사회 분위기가 마련되어야 한다고 생각한다. 그리고 출산 후에 아이를 편하고 안전하게 키울 수 있도록 다양한 복지 정책이 필요하다.